教養教育の再生

林 哲介
Tetsusuke Hayashi

ナカニシヤ出版

はじめに

二〇一一（平成二三）年三月の東日本大震災と福島第一原発の事故から五年、この間日本中で停止していた原発は、電力会社と政府や財界によって再稼働に向かって加速を始めています。被災地を中心に、日常生活の地盤を失った人たちの多くがまだ本来の生活に戻れないまま、そして、崩壊した原発の後始末の目途もまったくたたないまま、あれこれと講じてきた汚染水漏れ対策もいまだに解決しないまま……といった状況、また、原発の安全性への懐疑はもとより、大量に蓄積する使用済み核燃料や高レベル放射性廃棄物の処理について、世界的にもまったく目途がたっていないにもかかわらず、原発再起に向かって官民あげての手筈が着々と進められています。昨年（二〇一五）に経済産業省が発表した「エネルギーミックス」（二〇三〇年の電源構成案）は、原子力発電をベースロード電源と位置づけ、一部廃炉予定の老朽炉を除いて現存の原発の再稼働を前提にした方針を示しました。福島事故の直後に、ドイツは一七基の原発のうち八基を即時に停止し二〇二二年までに全原発の廃止を決定、スイスは二〇三四年までに全原発の廃止を決定、イタリアでは国民投票で新規原発建設の中止を決定など、日本での動きとは対照的です。日本の現在の動向は、結局のところ「経済成長」への固執に集約されていて、これまでの強い慣性に流されているということでしょう。再稼働が現実になっている近隣の自治体では、事故が起こった場合の住民の避難方法や安全対策の立案に労力を割いているという、このような状況にはなにか奇異で異様な矛盾、本末転倒の感があります。原子力学者によると過酷事故の確率はきわめて低いとはいっても、いつ暴発が起こるとも限らない巨大な不発弾のそばで生活しているという実感を、誇張だとはいえないでしょう。この狭い日本で、そしてもう生活に必要な物があまりにもありあふれている現状で、これから将来、五〇年・一〇〇年先の社会、子孫たちのために残す社会をどのように描いていくのかを考えると、本当の成長社会とはなにか、現在の進み方は正しいのか、深刻な課題を感じます。

最近担当している教養科目の授業で、物理学の基礎と合わせて現代社会のエネルギーについて議論し学生たちの意見を聞いたことがあります。それによると、「危険性のある原発は将来的には無いほうがよいが、地球温暖化や化石燃料の枯渇の問題があり、また代替エネルギーは技術的にも経済的にも簡単ではなく、当面は原発への依存はやむをえないのではないか」というような意見が過半を占めていました。世論調査などによると原発の賛否について意見分布はほぼ二分されているようですが、学生たちの意見にも実に常識的、世間的な印象を受けます。自然環境と資源の現状、原子力発電の問題点、エネルギー政策のあり方などについて、学生たちの科学的理解の狭さ、不十分さを、また世界的な動向や、さまざまな立場の人々の状況、意見や期待についての知識・情報の少なさを痛感させられます。エネルギーの問題に限らず、環境、生活、生命、健康などさまざまな課題について、科学的な理解の到達点に達していないことやまだ解明できていないこと、専門家の間で意見の分かれていることが何か、そしてそのような問題に対して社会はどう対応すべきかを問われると、なかなか自信がもてず、常識的、世間的な答えになる、そんな状況が多くの学生たちにみられます。

少し以前になりますが、加藤周一、ノーマ・フィールド、徐京植の三者による「教養」についての対談などをもとにした冊子を目にしたことがあります（加藤他 二〇〇五）。そのなかでノーマ・フィールドが徐から大学での講演を依頼された時に「アメリカのイラク攻撃の実現は、アメリカの教養教育、つまりリベラルアーツ・エデュケーションの失敗を意味しているのではないか」と言われ（挑発され）た、と述べていたことが強く印象に残っています。今、エネルギー・原子力発電の問題を考えるとき、ふとこのことを思い出しました。近い将来、わが国が原発への依存に再び突き進んでいったとき、これは「日本の教養教育の失敗」を意味しているのではないかと問うことにならないだろうかということが頭に浮かんできたのです。

教養教育という行為（活動）の性格を考えるとき、少し古めかしい言葉ですが、「啓蒙」（Enlightenment, Aufklärung）という語が思い浮かんできました。「啓蒙」の始まりはというと一七世紀末からヨーロッパで花開いた思想活動ということになり、「啓蒙する」という表現は、なにか高邁な学者・知識人が無知蒙昧な大衆を教育する、真実や道徳、正しい考え方を説き教えるといった、上から目線の印象が強い言葉で、古くさい感がつきまといます。しかし語の印象を別にして、Enlightenmentという役割を考えると、現代の教養教育の使命としても重要な位置をもっているように思われます。

戦前のことですが、戸坂潤は著作『思想と風俗』の「第二部　教育風俗」のなかで、「教育」と「啓蒙」の比較を論じています（戸坂 二〇〇二）。そこで戸坂は「現代の啓蒙家の代表者として河上肇博士を挙げることができる」といい、次のように述べています。

啓蒙というものが、国家機構に基づいて社会的機能を与えられ、従って社会的に公認された地位を占めているような一切の意味での「教育」の類からは別なものであり、…（中略）…啓蒙が政治的変革の方向を持つという意味において、極めて政治的な意義を持っていなくてはならぬ。…（中略）…

同時に、この政治的意義にも拘らず、啓蒙は、組織的宣伝などとは違ってある限度の非政治的な機能を指すのであって、これを純文化的機能と呼ぶなら、この機能が啓蒙を他の文化的および政治的機能から区別する特徴である。…（中略）…

啓蒙はいわば戦備的教養を内容とするものと云うことができよう。（戸坂 二〇〇一）

ここで「戦備的」というのは「市民の社会的・政治的見識の拡張・普及」を意味しています。そして、戸坂は次のようにも述べています。

現代の日本において如何に啓蒙活動が本質的に欠けているか、またそれについての観念がいかに分散的であるか、にもかかわらず今日、啓蒙活動がどれほど欠くべからざる必要に迫られているか…（後略）。（戸坂 二〇〇一）

ここでの「啓蒙」は、知者の上から目線とは異なり、教養教育の役割に相当する主張が展開されていると受け止めることができます。この文の「啓蒙活動」を「教養教育」に置き換えると、そのまま現在の教養教育に対する課題意識になります。戸坂がこれを書いた時期は日本の軍国主義が一気に太平洋戦争へと向かっていく一九三〇年代ですが、われわれの現在の状況を考え、大学教育、とりわけ教養教育の思想的意義・役割を幅広く捉えるとき、この戸坂の指摘は十分に生命をもったものとして感じられるのです。

学生たち、若者たちが、中・高校生以来、スマートフォンや部活に費やす時間の多さに比べて、さまざまなニュース、情報や思潮に接し社会と自分たちの将来や生き方を考え話す時間の少なさ、そしてそのような毎日に対する疑問の少なさに危惧を感じます。このような状況で、私たちが取り組む教養教育の課題、その役割を改めて明確にする必要があることを痛感します。

本書では、現在までの、とりわけ戦後の大学における一般教育・教養教育の歩みにみられる問題点を改めて振り返り、これからのあるべき姿、その基礎とすべきことについて私見を整理してみることにしました。第一章、第二章では、戦後の大学における一般教育・教養教育の展開を一とおり概観し、これまでの変転を現在の課題意識に基づいて把握するところから始めます。経緯のいささか羅列的なところはざっと眺めて、後半の議論を検討いただければ幸いです。

【文　献】

加藤周一・フィールド、N・徐　京植（二〇〇五）「教養の再生のために―危機の時代の想像力―東京経済大学21世紀教養プログラム発足記念講演会」影書房

戸坂　潤（二〇〇一）「思想と風俗」『東洋文庫　六九七』平凡社、一五〇-一五七頁（原書：一九三六年）

目次

目　次

第1章　戦後大学の「一般教育」

第1節　「一般教育」の誕生

一九四五（昭和二〇）年八月の悲惨な敗戦から四年、一九四九（昭和二四）年に国立大学設置法が交付され、我国の新制大学がスタートしましたが、新しい大学のあり方に関する基本的な考え方については、一九四六（昭和二一）年の米国教育使節団による指導に基づいていたことはよく知られています。その最も端的な点は、「日本の高等教育機関のカリキュラムにおいては、…（中略）…大概は普通教育を施す機会が余りに少なく、その専門化が余りに早くまた狭すぎ、そして職業的色彩が余りに強すぎるように思われる。自由な思考をなすための一層多くの背景と、職業的訓練の基づくべき一層優れた基礎とを与えるために、更に広大な人文学的態度を養成すべきである」というものでした。その翌年に関東の大学教員を中心に「財団法人大学基準協会」が組織され、新制大学の教育課程が検討されました。これをもとに文部省が制度的に定めたものが一九五六（昭和三一）年の「大学設置基準」でした。「設置基準」が定めた最も主要な点は、四年制大学を前期二年の一般教育課程と後期二年の専門教育課程に区分したことにあり、ここで「一般教育」というものが制度的にも内容的にも整備されたわけです。

この「一般教育」の考え方は米国の大学での四年制「普通教育（General education）」がモデルになったものですが、これを、旧制の大学と高等学校を折衷した形で前期二年に押し込め、その上に後期二年の専門教育を乗せるというかたちになりました。そしてこれによって出発時点から制度上も内容上も「歪み」を抱えて始まることになりました。しかしながら「一般教育」がどういう目的をもつものかという点について大学基準協会が果たした役割は大きいものでした。協会のもとに設置された「一般教育研究委員会」が一九五一（昭和二六）年に出した最終報告「大学に於ける一般教育」では次のように記述されています。

（敗戦を転機として、自由な民主社会を打ち立て、平和な文化日本を再建せねばならないとすれば）、専門家であると同時に、各方面の理解があり、いろいろな事柄について正しい判断と評価をなし得る自主的人物を必要とする。否、豊かな教養と知性を具えているに止まらず、更に自由なる民主社会の建設に挺身協力する勇気と実践的能力を把持していなければならない。しかしこのような条件を具えた人物は、なにも現在の我国のごとく激動期にのみ必要であるのではない。我々の理想たる真に平和な自由社会の実現のためにはかくのごとき人物は常に欠くべからざるものであって、かかる人物の養成こそまさにあるべき四年制大学の教育目標でなければならない。

（大学基準協会 一九五一）

そして、「報告書」は基本理念を述べるにとどまらず、「一般教育」を担う組織体制やあるべきカリキュラム、授業方法、教育指導（ガイダンス）、授業内容などにまで及ぶ包括的な報告となっているものでした。この一般（教養）教育への考え方は、喜多村和之（一九九九）が「今なお極めて新鮮な示唆に充ちている」と指摘しているように、現在においても全体として基本的かつ重要な提言となっているものです。

制定された「大学設置基準」では、第一八条「大学は、この章で定める基準に従って授業科目を開設する」、第一九条「大学で開設すべき授業科目は、その内容により、一般教育科目、外国語科目、保健体育科目、及び専門科目に分ける」と規定されていました。一九九一（平成三）年の大幅な改定（設置基準の「大綱化」）が行われるまで、一般教育課程は原則的にこの基準にしばられていました。一九九一年までに大学生を経験した人はよくご存知のように、一般教育科目三六単位、外国語科目一六単位、保健体育科目四単位と、これに各学部の専門基礎科目を加えて一般教育が構成され、一九六三（昭和三八）年に制度化された「教養部」をもつ四〇の国立大学では、学生は二年間教養部でこの一般教育課程を学ぶことになりました。教養部をもたない国公立大や多くの私立大も概ねこれに類似の教育課程を採用していました。特に一般教育科目三六単位は「人文・社会・自然」の三分野各三科目、一二単位を履修するものと定められ、設置基準のなかに「教養教育」という言葉はありませんが、これらの科目群が教養教育の中核をなすものと受け止められていました。しかしながら理系の場合を中心に、専門基礎科目の一部（当初から八単位）をこの三六単位に含めて読み替えることができるとされていました。実際、一般教育科目における自然系の大多数の科目は専門基礎科目との区別がなく、教養教育とは何かという点からすると不明確さを抱えた状況がありました。

私が京都の普通公立高校を卒業し、一年浪人して京都大学に入学したのが一九六二（昭和三七）年、このころの大学進学率は一五パーセント程度でした。大学の中はまだ六〇年安保の余韻が残っていて、学生運動の活動家が教室にやってきてはアジ演説を繰り返していました。私自身も含めて学生たちはエリート意識に強く支えられていたところがあり、古典文学や哲学書、ヘーゲルやマルクス、あるいはクラシック音楽などに憧れ精通を競う雰囲気がありました。とはいうものの理系の場合は、数学、物理、化学などの専門基礎履修科目が多く、それに一六単位の外国語も大きい比重を占めていた一方、三六単位の一般教育科目にはあまり熱心ではありませんでした。概ねどの科目も四月の授業始めには教室があふれんばかりなのに、五月の連休が過ぎたころからは閑散とし、それでも各科目の教員はそれぞれの専門をネタに黙々と講義するという風景でした。学生のほとんどは自分の興味に任せて面白い授業だけをつまみ喰いし、そして教員もそういう学生が授業に来ればいい、学生が何を学びとるかは個々の学生の自由、それが大学の教育というものであり、一般（教養）教育のスタイルであったということができます。そして学生はそんな雰囲気に高校までとはすっかり違う自由を感じ大学生になったことを実感していました。それでも、私も含めてこのころまでの卒業生には、大学二年間の教養課程は自分にとって大きな意義があったと感じている人が多いことがアンケートなどからわかります。これは、カリキュラムや個々の授業が充実していてよかったからというよりは、自由な雰囲気の中で、好きな本を読んだり、食堂やクラブボックスで友人たちと議論し合う時間がたっぷりあって、そこから得たものがその後に大きな財産になったという実感によっています。大学に進学でき、とりわけ専門課程に進むまでの二年間という、エリートに与えられた人生にまたとない自由な時間に、それぞれが自己流で「教養」を蓄えられたということができます。

第2節　大学の「大衆化」

このような大学の雰囲気は、ちょうど私が卒業するころから急速に変わっていきます。すでに一九五五（昭和三〇）年から高度経済成長政策が始まり、一九六一（昭和三六）年には科学技術系学生倍増計画がスタートしました。京都大学でも一九六三（昭和三八）年から理学部や工学部の学生定員の大幅増が始まりました。その後これらに続いて経済学部や法学部など文系でも学生定員が急速に増加していきました。大学進学率は、一五パーセントの時点からおよそ一〇年後の一九七五（昭和五〇）年には三八パーセントを超えるに至りました。これに伴って大学内の雰囲気は、それまでの「エリートの自由な学園」から急速に変化していきました。一九六八（昭和四三）年から七〇年にかけて全国の大学が荒れ果てた「学園紛争」がちょうどその曲がり角になっています。竹内洋（二〇〇三）が、学園紛争はエリート教養主義が支配した大学文化に対する大衆化した学生の反乱であったと指摘しているのは妥当な評価だと思います。また竹内が、大学に限らず日本の文化状況の変化を「教養主義の没落」と分析しているのとも符合しています。教養部の構内は四月になると「四条河原町のように」大量の新入生であふれ、楽勝科目と評判のある授業の入り口には教室に入れない学生が鈴なりになるというような光景が毎年ありましたが、やはり五月の連休を過ぎたころからはそんな状況も消えて大講義室は余裕たっぷりになりました。学生の雰囲気は、「学問の世界にふれる」というような大学入学まで経験したことのない期待感よりも、要領よく必要な単位をとり、専門に必要な勉強は首尾よくやっておき、あとは存分に遊ぶ二年間にするという傾向が圧倒するようになりました。学生たちが一般教育科目のことを「パンキョウ」と呼ぶようになるのもこのころからです。

中西新太郎（二〇〇四）は、若者をとりまく戦後の文化変動の第一段階がちょうどこのときにあたると分析しています。「少年サンデー」や「少年マガジン」が発刊されたのは一九五九（昭和三四）年（「少年ジャンプ」は一九六八（昭和四三）年）ですが、その後、子どもから大学生まで一挙に拡がり、大学のクラブボックスのどこにいってもこれらのマンガ雑誌が散乱しているのを目の当たりにしていました。大学生協の書店でも最も販売数の多いのがこれらのマンガ雑誌になりました。仲間の先生方とは、キャンパスのいたるところに学生があふれているものの学術の場という雰囲気がかすんでしまっている状況を「教養砂漠」と形容していました。「このごろの学生は無知・無関心・無教養！」と憤りをぶちまける年輩教員もいました。それでも教員はそれぞれの授業を黙々と続けましたが、こんなものだと諦めている人や、それでもなんとか学生たちを惹きつける授業にと苦労して工夫している人などもいました。そしてこのような状況のなかから「一般教育」と「教養部」という制度の在り方を変える必要があるという議論が、細々ながら始まってきました。高度経済成長とこれに伴う大衆文化の隆盛、効率よく大卒資格を得て首尾よく就職するという実利主義が、一般教育の形骸化、教養教育の空洞化をもたらしたというのがこの変化の性格であったということができますが、またこれは、大学の「大衆化」に対して一般（教養）教育が適切に対応できなかった、つまり大学教育が本当の意味で「大衆化」できなかったということであったわけです。

第3節　教育政策の変化

戦後の混乱からの回復、そして高度経済成長、「日本列島改造計画」、「追いつけ追い越せ」、「一億総中流化」などを掲げて政治と経済が走るなか、一九七八（昭和五三）年の第二次オイルショックのころには大学進学率は四〇パーセントを、高校の進学率は九〇パーセントを超えました。こうしたなかで政治・経済の側からは、教育の効率化を求める圧力が強くなってきました。文部省に「中央教育審議会」が最初に設置されたのは一九五二（昭和二七）年ですが、この審議会（中教審）が一九七一（昭和四六）年に出した答申『今後における学校教育の総合的な拡充整備のための基本構想』は『46答申』と呼ばれ、戦後二〇年の教育全般を総括し今後の方向を打ち出すものとして重要な位置を与えられたものでした。その答申では、次のことが提起されました。

敗戦後の占領下という特殊な事情の下にとり急いで行われた学制改革によって生み出されたものを、いつまでも唯一の望ましい学校教育として維持すべきものであると考えることは、教育の生々発展する社会的機能の一環としてとらえることを拒むものといえよう。

今日の学校教育は、量の増大に伴う質の変化にいかに対応するかという問題に直面している。

また、敗戦という特殊な事情のもとに学制改革を急速に推し進めたことによる混乱やひずみが残っている。（中央教育審議会　一九七一）

　このように初等教育から高等教育にわたる全体に対して質的な変更の必要性を提起し、そしてその後の教育改革の基調として「個性化・多様化」というキーワードが謳われるようになりました。このことが意味するところは、戦後に進められてきた民主主義教育にある「形式的平等」の弊害に対して、効率的な教育・人材養成を求めることにありました。こののち現在に至るまで、いわゆる新自由主義的な教育上の基本的な方向としてこの流れは続いています。子どもたちの皆が学校へ行くようになった今、生徒たちが皆同じことを同じように学ぶのではなく、できる子はその能力を効率よく伸ばし、そうでない子はそれぞれに見合った必要な知識技能と道徳を学ばせる、一人ひとりの「個性」を伸ばす、そしてそれに見合うように教育システムの多様化を進めるというものでした。すべての子どもが同じであるはずはない、子供に見合った教育を、というのは一見合理的な印象をうけます。そしてその後の学校選択の自由度の拡大や高校でのコース多様化など、学校制度の「緩和」が進められる起点となったものです。

　高等教育についても「大衆化と高度化」を要請するとして、そのためには高等教育の「多様化」が求められるとしました。これがその後の大学の種別化、大学院の独立性の強化などへ議論を向かわせるものとなりました。また、一般教育については次のように述べ、大学設置基準の改定が示唆されました。

（これまで）一般教育と専門教育を積み重ねる方法をとってきたが、ともすれば両者が遊離し、専門化にも総合化にも十分の効果をおさめていない。…（中略）…いずれの専攻分野の学生についても、広い教養をめざして一般教育科目等の履修を画一的に要求したが、多くの場合、専門教育とは別個に前期で集中的に履修させたことやその内容・方法が適切でなかったことによって、教育課程全体として調和を欠き、所期の目的が十分には達成されなかった。…（中略）…今後は一般教育と専門教育という形式的区分を廃し、総合的な教育課程を考える必要がある。

（中央教育審議会 一九七一）

大学がこのような答申に肯定的に反応することに対しては「大学の自治」と「研究と教育の一体不可分」の建前が邪魔をしていました。行政官庁のもとに置かれた審議会が行う大学教育に対する発言の背景には、政財界の要請が色濃く匂い、大学は総じてこれに対する強い抵抗感をもっていました。一方、専ら研究中心の教員社会である大学内では、教育の議論は「暇でもの好き」な一部の教員に限られていたといっても言い過ぎではない雰囲気がありました。この点は米国の大学とは違っていました。その原因の一つには日本の旧制大学にドイツ流カレッジ型の影響が色濃くあったことがあります。学部専門課程の教員にとっては、教育の中心は個々の教授の講座単位のもので、前期二年の一般教養課程は、基礎教育さえしっかりやっていてくれれば何ら困ることはなかったのです。一方、教養部のなかにも、学生たちの貧弱な学習状況にもかかわらず、まだ「二年の放牧期間」という牧歌的な一般教養課程擁護論がありました。『46答申』は、中学・高校の学校制度や教育課程には徐々に重要な変更をもたらしてきましたが、大学については短期間に実効をもたらすことにはなりませんでした。

一九八四（昭和五九）年に中曽根内閣の諮問機関として「臨時教育審議会」が発足しました。文部省の中央教育審議会をとび越して総理大臣直属の機関としたもので、以降一九八七（昭和六二）年までに四次の答申を発表していきました。オイルショック後の産業構造の変化、国際化、情報化の進行の一方、学歴偏重、受験競争の激化、青少年の非行問題などに直面して、国策としての教育統制を色濃くしたものでした。初・中等教育においては先の『46答申』における個性化・多様化に加えて「自由化」が強調される一方で、家庭教育・道徳教育の重視・強化が謳われ、これらが学習指導要領の改変に反映されていきました。大学政策については、次のように指摘しています。

> 戦後の新制大学四〇年の歴史に照らして考えると、いわゆる大衆化を遂げた日本の大学の現状には多くの問題点があり、大学に対する批判は厳しいものがある。大学はおしなべて閉鎖的であり、機能が硬直化し、社会的要請に必ずしも十分にこたえていないばかりでなく、いたずらに量的に拡大し、教育・研究の内容や質に欠ける傾向があることを憂える声は小さくない。
>
> （臨時教育審議会　一九八六）

このように、『46答申』から一三年を経た間の大学の変化の緩慢さに対する強い苛立ちともいえる指摘をした上で、教育研究の高度化・個性化、設置基準の見直し・自由化、組織運営の見直し

（教授会自治の変更）、高等教育の多様化など、その後、大綱化にいたるまでの議論の基調を掲げるものとなりました。

また、一般教育課程については次のように述べられています。

これまでのわが国の大学の一般教育は、理念においても、内容においても十分であるとはいえず、しばしば一般教育無用論すら聞かれる。…（中略）…一般教育を担当する教員組織の区分や構成についても、教養部の見直しを含め、適切な見直しを講じる必要がある。（臨時教育審議会　一九八六）

答申にあからさまな表現はないものの、この間の審議会の議論における委員の発言のなかには「大学はレジャーランド化の傾向がある」といった指摘や「教養大学、職業大学、大学院大学等への統合整理が必要だ」などがあり、その後の大学の動向に強く影響を与えるものでした。

第4節　大学設置基準の「大綱化」

一九九一（平成三）年、大学審議会は『大学教育の改善について』の答申を出し、一般教育課程を規定していた設置基準の変更方針を示しました。これを受けて文部省は同年七月に大学設置基準を改定、いわゆる「設置基準の大綱化」を行いました。これによって、戦後の大学教育を規定し一般教育と専門教育を区分していた制度的枠組みがなくなり、四（六）年制の学部教育をどのようにするかは各大学の裁量に委ねられることになりました。先の『臨教審答申』を具体化したものですが、これがここで実現することになったもう一つの背景には、教養部を抱える国立大学の内部で、教養部問題を改善したいとする検討と文部省とのやりとりなど、長期間の模索があったこともあります。この大学内、とりわけ教養部の問題については拙著（林二〇一三）に詳述しましたのでここでは触れません。

この「大綱化」から数年のうちに、一九六三（昭和三八）年以来国立大学を中心に制度化されていた教養部という組織は一、二の例外を除いてすべての大学で姿を消し、またこれまでの「一般教育課程」はほぼ全大学で大きく模様変えされていきました。そしてその後、数年を経てから、大学の内部でも、また特に外部から、「教養教育」が軽視され弱体化しているという批判の声が目立つようになりました。「大綱化」後各大学が行った改変によって教養教育が「破壊された」という批判に対して、長年教養部という組織の中にいた筆者は、「それではこれまで教養教育としてやってきたものはどうだったのか、それは十分な意味をもち役割を果たしていたのか、なぜこれが縮小されることになったのか」について、批判する人たちはどれだけ明快な論拠をもっているのか、という疑問をもちました。とはいうものの、ほとんどの大学でこれまでの「一般教育」の授業科目やその卒業必要単位数などが縮小されたことはデータとしては事実でした。一般教養課程教育を担ってきた教員組織が各学部に吸収されて解体されたり、新たな専門課程をもつ学部に組織替えになったりし、これに対して一般教育（共通教育）を所掌する責任主体が、小規模なセンターになったり、委員会運営による「全学出動体制」になるなど、大学ごとに複雑になり、実質的な責任があいまいになったところがあったのも事実でした。「大綱化」を打ち出した大学審議会が答申において、「（一般教育の）理念・目標の実現のための真剣な努力・工夫がなされていることを期待するとともに、この点についての大学人の見識を信じるものである」と述べていたのとは裏腹に、一般教育・教養教育を学部四年の教育課程のなかにどう組み立てるかについて、各大学が確固たる方針をどれだけもっていたか、あるいはいなかったかという点に本質的な問題があったといわなければなりません。

しかし、「大綱化」の時点でみられた大学の主体性に関わるこのような問題は、そもそも戦後新制大学の出発の時点にありました。はじめに紹介した大学基準協会の「一般教育研究委員会」の報告「大学に於ける一般教育」では、一般教育の使命を明確に謳っていたわけですが、これらが実際に発足した各大学の教員集団の中ではほとんど受け止められることはなかったのが実態でした。専門教育に特化した旧制大学と、その予備教育機関としての旧制高校とを折衷した新制大学の急ごしらえの発足のなかで、「旧制大学志向としての専門教育と、旧制高校や旧制専門学校から引き継いだ教育としての一般教育が、これを教える教授団の意識改革を伴わないままに引き継がれたにすぎなかった」（喜多村 一九九九）のが実態であったということです。吉田文（二〇一三）もこの間の経緯を詳述し、そのなかで米国を参照した一般教育（General education）がなかなか日本の教授たちには理解できなかった経緯を紹介しています。すなわち、学部ごとの専門教育を基本にした新制大学の構造のなかで、一般教育の基本的な考え方が十分に織り込まれることがないままに時を経たのでした。当初の大学基準協会「報告書」においても、次のように危惧していることが示されています。

旧制、新制の大学においてはその教育目的がそれぞれ異なるから、その方法もおのずから異なるのであって、それが適切妥当でなければ「仏作って魂入れず」の結果になり、崇高なる目標も空想化されることになろう。（大学基準協会 一九五一）

「大綱化」後の教養教育の「破壊」をもたらした要因は、まさのこのような状況で推移してきた大学の内実にあったということです。この点について天野郁夫は次のように総括しています。

一般教育の軽視が、設置基準の改正（大綱化）の「結果として」危惧されるのではなく、それ以前に、ある意味では一九四九年の新しい大学制度の発足当初からすでに始まっていたことは、周知のとおりである。…（中略）…一般教育課程や教養部は、「一般教育の理念・目標」を守る組織として存在したのであり、四年間の学部教育の在り方の根本的な再検討なしに、その組織を解体することは、大切だという教養教育について武装解除し、城を専門教育に明け渡すに等しい選択であった。（天野 二〇〇一）

【文　献】

天野郁夫（二〇〇一）「教養教育を問い直す」『ＩＤＥ 現代の高等教育』（四二六）、五－一二
喜多村和之（一九九九）『現代の大学・高等教育—教育の制度と機能』玉川大学出版部

大学基準協会［編］（一九五一）『大学に於ける一般教育――一般教育研究委員会報告』（大学基準協会資料第一〇号）
竹内　洋（二〇〇三）『教養主義の没落―変わりゆくエリート学生文化』中央公論新社
中央教育審議会（一九七一）『今後における学校教育の総合的な拡充整備のための基本的施策について（答申）』文部省
中西新太郎（二〇〇四）『若者たちに何が起こっているのか』花伝社
林　哲介（二〇一三）『教養教育の思想性』ナカニシヤ出版
吉田　文（二〇一三）『大学と教養教育―戦後日本における模索』岩波書店
臨時教育審議会（一九八六）『初任者研修制度の創設、現職研修の体系化、適格性を欠く教師の排除（答申）』総理府

第2章　「教養教育」の混乱と模索

第1節　一九九五年という曲がり角

さて、大学設置基準の「大綱化」によって教養教育の軽視・縮小が進んだ状況のなか、一九九五（平成七）年という年はいわば象徴的な年になりました。一月に阪神淡路大震災が襲い近代的社会の物質的基盤が一瞬にして崩壊するという経験がありました。三月にはオウム真理教の地下鉄サリン事件があり、医・理工系の大学院出身者など高学歴者が容疑者に名を連ねました。そしてこれには大学における教養教育の空白に責任の一端があるという、いささか短絡的な批判が聞かれました。一一月にはウィンドウズ95が発売され店頭に長蛇の列ができたと賑やかに報じられましたが、この後ごく短期間で電子メール、インターネットは家庭にまで普及し人々の常識になりました。一九九一（平成三）年のバブル崩壊の後、経済のグローバル化が顕著にすすむ過程で、この新たな情報環境が決定的な役割を果たすことになったわけです。

この年の一般教育学会で当時の中央教育審議会会長であった有馬朗人が「一般教育の大切さ」と題した講演を行い、そのなかで次のように述べていました。

結論を最初に申し上げます。「もっと一般教育をやれ」ということをあちこちで申しております。…（中略）…ナチスドイツの狂気やオウムの狂気は、特に科学者足らんとする者にとっては恐るべきことです。このことから、哲学と言うほど大きなことは申しませんが、「歴史を正しく認識する。人間の生き方はどうあるべきか」ということを、理科系のみならず全員にしっかり教えなければならないと思うのであります。…（中略）…倫理観をビシッと教えなければならない。

国際化社会になったとき、アメリカやヨーロッパの人達と丁々発止の議論をしなければならないときに、狭い範囲の専門だけでは勝てない、やはり広い人間としての教養をもたなければいけない。国際戦争、国際社会の中で生き延びていこう、活躍しようと思えば一般教養が不可欠です。理系の人間だと一般教養が足りない、これでは国際社会では勝てないだろうと思う次第であります。（有馬　一九九五）

「倫理観をビシッと教える」ことと「国際競争に勝てる教養」を身につけることなど、東京大学の総長を務めた有馬が語る教育論にしてはいささか底の浅い感を抱かざるを得ないのですが、このころから政界・産業界あたりから一挙に強まった教養教育重視の論調の正直なところが述べられているものです。

この年に前後して出されてきた経済界の教育に対する提言などの代表的なものを時系列で拾ってみます。

①一九九三（平成五）年、経団連提言『新しい人間尊重の時代における構造改革と教育の在り方について』

この提言では、「求められる人材像」として次の三点を挙げています。

●創造性と先見性（主体的に考え自ら解を導き出す独創性に富む人材こそが、多くの課題に直面する日本経済の再生を担える。）

●総合的な視点を併せ持った専門性（経済の高度化と社会の多様化がすすむなかでは、…（中略）…専門分野での一流の知識・能力・技術だけでは不十分であり、専門外の分野に対しても柔軟に取り組める能力も必要である。）

●国際性（我が国の文化や伝統に対する理解と共に、国際的な広い視野から地球的規模でものごとを考えられ、国際感覚と語学力に優れた人材が求められる。）

②一九九四（平成六）年、関西経済同友会『地球時代の新世紀を拓く人づくりを目指して』

●これからの国際社会では自ら発想し、普遍性のある論理で議論を展開し、説得力ある文章の書ける「発信型」人材がますます不可欠となる。言語による自己表現能力の強化を我が国の学校教育の重要課題の一つとすべきである。

●今回の大学設置基準の改正により、…（中略）…一部の大学で一般教育を軽視する動きもみられるようである。…（中略）…これからの世界に通用する人材とは単に自己の専門領域に精通しているだけでなく、広範な関心とグローバルな視野をもち、人間全体としてバランスのとれた人材である。このような人材の育成こそは大学教育、とりわけ充実した一般教育に期待される役割である。…（中略）…これからの一般教育は、今日的課題に対する知的関心の刺激と学習への動機づけに重点を置いた広さと深さを併せもつ問題提起型の教育としたり、広く人格の形成や知的成熟を促しながら新しい問題を見極める力をつける教育として再編成されなければならない。

③一九九五（平成七）年、日経連教育特別委員会報告『新時代に挑戦する大学教育と企業の対応』

この報告では、「新時代に求められる多様な人材像」として、①人間性豊かな構想力のある人材、②独創性・創造性のある人材、③「問題発見・解決能力を有する人材、④グローバリゼーションに対応できる人材、⑤リーダーシップを有する人材、という五つの人材像を挙げ、このような人材を養成する教養教育の重視を要請しています。

寺崎昌男はこれについて、「これほどのことを今更言うぐらいなら、産業界はなぜこれまでのように学歴主義的な人材採用を続け能力至上主義的な教育を大学のみならず教育一般に強いてきたのか。…（中略）…思うに産業界は、今後の経済活動は全て地球規模のものになるという事態に改めて焦慮し、そのために必要な人材は何かについて敏感に気付いたのだ、ということである」と指摘していました（寺崎 一九九五）。

④一九九六（平成八）年、経団連『創造的な人材育成に向けて──求められる教育改革と企業の行動』

この提言は冒頭で、「来たるべき21世紀において、豊かで魅力ある日本を築くためには、社会のあらゆる分野において、主体的に行動し自己責任の観念に富んだ創造力あふれる人材が求められる。しかし、我が国の現状を見ると、教育制度はもとより、企業の人材システムなど社会全般においても、このような創造的人材が育ちにくい状況にあり、このままでは世界における指導的国家の一つとして、活力ある日本を築くことは不可能といわざるを得ない」と、危機感を露にしています。そして、①教育における規制緩和、②教育機関の多様化・個性化、③複眼的評価の大学入試、④思考力と体験を重視しゆとりある学校教育、⑤家庭の教育力の回復の五点を提言しました。

⑤二〇〇〇（平成一二）年、経団連意見書『グローバル化時代の人材育成について』

この「意見書」の「はじめに」では「経済のグローバル化、情報化が急速に進み、企業は合併、再編などに生き残りをかけて真剣に取り組んでいる。日本の発展を支えてきた「追いつき追い越せ型」の経済社会システムは完全に終焉を迎え、個性や創造性を活かし、倫理観と責任感に裏打ちされた新しい経済社会システムの構築は待ったなしの状況になっている。また、世界に例を見ない速さで少子・高齢化が今後進むことから、深刻な労働力不足に陥ることも懸念される。こうしたなかで、21世紀に向けて、「活力あるグローバル国家」を創造し、魅力ある日本を構築していかなければならない」と、この期の産業界の現状認識を端的に述べています。そして、「必要とされる人材像」として、「基礎的能力」と「国際的に通用する能力」の二つを挙げました。特に前者の「基礎的能力」では、①主体性（主体的に問題を発見、設定し、解決に導くことのできる能力）、②プロ意識（しっかりとした職業観、自己責任の観念、アカウンタビリティ、高い倫理観）、③知力（産業社会に携わっていくうえで必要不可欠な基礎知識・基礎学力、コミュニケーション能力）の三つを挙げ、そしてこれらをふまえて、初等・中等教育から大学教育にわたって、それぞれの教育システムや内容、組織に至るまで詳細な改善要望を述べていて、強い圧力を感じさせるものになっています。

以上のような経済団体の提言に共通しているのは、この時期の危機意識と、必要な人材養成を求める教育への強い要求が繰り返されていることです。これを一言でまとめれば「「活力あるグローバル国家」のための人材養成」であるということができるでしょう。そしてこれらの提言の特徴としては、①狭い専門教育よりも、幅広い視野と基礎知識を獲得させる教養教育を重視すること（これには米国流の General education と共通した発想があります）、②問題発見力、課題解決力、発信力、リーダーシップなど主体的な能力の開発と、倫理観の醸成を大学教育に要請していること、③実用英語力と国際感覚の重視が挙げられます。

とりわけこの②に関わるものとして、二〇〇二（平成一四）年に内閣府・経済財政諮問会議に「人間力戦略研究会」がおかれ、「人間力」という言葉が使われ出しました。これは、「社会を構成し運営するとともに自立した一人の人間として力強く生きていくための総合的な力」と説明されています。またこれをさらに具体化したものとして「社会人基礎力」という提起がありました。経済産業省におかれた「社会人基礎力に関する研究会」が二〇〇六（平成一八）年にまとめたレポートで、「職場や地域社会の中で多様な人々とともに仕事を行っていく上で必要な基礎的な能力」として「社会人基礎力」という定義をしたものです。その背景として、次のような認識を示しています。

職場や地域社会で活躍するために必要な能力は、今まで大人になる過程で「自然に」身に着くものと考えられており、あまり明確な定義は与えられてこなかった。しかし、近年、若者のコミュニケーション能力の不足が指摘されるなど、日本社会の中でこうした能力を身につける仕組みのはたらきが相対的に低下してきているように感じられる。…（中略）…九〇年代以降に生じた環境変化の下、「若者が社会に出るまでに身につける能力」と「職場等で求められる能力」とが十分にマッチしていないことが指摘されている。

今日、職場や教育を巡る環境が変化する中、こうした能力に明確な定義を与え、意識的な育成の対象としてとらえることは大きな意味があると考えられる。（社会人基礎力に関する研究会 二〇〇六）

そして職場などで求められる能力として、「人との関係を作る能力（コミュニケーション能力、協調性、働きかけ力）」、「課題を見つけ取り組む能力（課題発見力、実行力、創造力、チャレンジ精神）」、「自分をコントロールする能力（責任感、積極性、柔軟性）」の三つを挙げ、このような「基礎力」の内容をさらに具体的に明確化するものとして、①「前に踏み出す力」、②「考え抜く力」、③「チームで働く力」の三つを掲げました。そして、「特に大学教育では、より多様な若者が参加するようになってきており、大学における社会人基礎力の育成について、改めて意識的な取組が必要となってきていると考えられる」（社会人基礎力に関する研究会 二〇〇六）と述べました。

バブル経済崩壊後の「戦後最大・最長の不況」とグローバル化の急激な進展に伴って生じた政治

経済社会の転換は、教育のみならず広く文化一般にも大きな変化をもたらし、一九九五年という年はこの転換点を象徴する時点となっています。この多面的な捉え方や分析の例として、中西新太郎（二〇〇八）と速水健朗（二〇一三）の著を紹介しておきます。

第2節　危機を叫ぶ教育答申

以上のような経済産業界の意向に対応して、文部省のもとにある大学審議会や中央教育審議会が現在まで答申などを繰り返し打ち出していますが、それらには一貫した特徴がみられる一方で、一定の変化もみられます。これらを順に追ってみましょう。

◉『２１世紀答申』

一九九八（平成一〇）年一〇月に大学審議会が答申『２１世紀の大学像と今後の改革方策について』（『２１世紀答申』）を出しました。答申の副題は「競争的環境の中で個性が輝く大学」となっています。二一世紀初頭の社会状況の展望について、「一層流動的で複雑化した不透明な時代」、「国際競争力強化が求められる時代」、「少子化の進行」、「産業構造・雇用形態の変化」などの認識を示しており、これは前節で紹介した同時期の経済団体の提言にある認識そのものです。そしてこれらのうえに、「知」の再構築が求められる時代」と謳っています。「大綱化」以後の全般的な教養教育の衰退に対して、当然ながら教養教育の重視はこの答申の重点でした。そのキーワードを「課題探求能力の育成」とし、その基本的な指導方針について次のように述べています。

社会の高度化・複雑化等が進む中で、「主体的に変化に対応し、自ら将来の課題を探求し、その課題に対して幅広い視野から柔軟かつ総合的な判断を下すことのできる力」（課題探求能力）の育成が重要であるとの観点に立ち、「学問のすそ野を広げ、様々な角度から物事を見ることのできる能力や、自主的・総合的に考え、的確に判断のできる人材を育てる」という教養教育の理念・目標の実現のため、授業方法やカリキュラム等の一層の工夫・改善、全教員の意識改革と全学的な実施・運営体制を整備する必要がある。この際、専門教育においても教養教育の理念・目標を踏まえた教育を展開することにより、教養教育と専門教育の有機的連携の確保を図っていくことが重要であることを十分に認識しなければならない。（大学審議会 一九九八）

また教養教育の具体的な内容として答申は、次の四つを挙げています。

- 社会生活を送る上で身につけておくべき基本的な知識と技能を習得させる。
- 社会的・学問的に重要な特定の主題や現代社会が直面する基本的な諸課題について授業（テーマ講義やゼミナールなど）を行い、多面的な理解と総合的な洞察力や現代社会の諸問題を総合的に判断し対処する能力を養成する。
- 体系化された学問を幅広く経験することにより、専攻する学問分野の理解を助けるとともに、専攻する学問分野の違いを越えて共通に必要な複合的視点や豊かな人間性を涵養する。
●専門教育において、関連する分野に関する幅広い視点に立って学際的に取り組むことのできる力を培う。

答申のなかでは、大学の目的・役割の多様化・個性化（大学の種別化）、閉鎖的・硬直的な組織運営の見直し（教授会自治の弊害と学長権限強化）、多元的な評価の必要性（外部評価）など、その後の文部行政の方向を示唆するものが盛り込まれていますが、教養教育に関するこれらの記述の限りにおいては当初から「一般教育」が掲げてきた理念・目的を改めて強調するものであり、その限りでは疑問を感じるものではありませんでした。

◉『グローバル化答申』

その二年後二〇〇〇（平成一二）年に大学審議会は『グローバル化時代に求められる高等教育の在り方について』（『グローバル化答申』）を出し、教養教育の強化・再構築を強調しました。同年の経団連意見書（前節⑤）の直後の答申で以下のように述べ、学部教育全体の教養教育へのシフトを強調しました。

グローバル化が進展する中では、世界を舞台にして活躍し社会で指導的な役割を果たす、深い教養と高度の専門性に裏付けられた知的リーダーシップを有する人材が求められる。各大学は21世紀答申で示した課題探求能力の育成という考え方を参考としつつ、新しい時代の教養とは何かを問い直し、これを重視する方向で学部教育の見直しを検討することが望まれる。

（大学審議会 二〇〇〇）

そして、「グローバル化時代に求められる教養を重視した教育の改善充実」として、「グローバル化時代に生きる新しい世代には、地球社会を担う責任ある個人としての自覚の下に、学際的・複合的視点に立って自ら課題を探求し、論理的に物事をとらえ、自らの主張を的確に表現しつつ行動していくことができる能力が必要とされる。…（中略）…各大学においては、グローバル化時代に求められるこれらの能力を育成し高めることをあらゆる教育活動の基本とするべきである」（大学審議会二〇〇〇）とし、「自らの文化と世界の多様な文化に対する理解の促進」、「外国語によるコミュニケーション能力の育成」、「情報リテラシーの向上」、「科学リテラシーの向上」の四点を挙げました。この答申は、知的エリートの養成を「教養教育」に求める日経連などの期待を端的に大学に伝える役割を担っているものでした。このように、産業界の著しい危機意識に基づいた人材養成への要求が、とりわけ大学の教養教育に向けられるという点にこの時期の特徴があります。

◉中央教育審議会『教養教育答申』

文部省の大学審議会は二〇〇一年の省庁再編に伴って、文部科学省の中央教育審議会大学分科会に代わりましたが、二〇〇二（平成一四）年の中央教育審議会『新しい時代における教養教育のあり方について』という、教養教育に特化した大部の答申が注目されます。答申は第一章「今なぜ「教養」なのか」で次のように述べています。

多くの国民が、物質的な繁栄ほどには一人一人の生活においても、社会全体としても豊かさは実現されていないと感じている。…（中略）…物質的に豊かになる反面、社会的な一体感が弱まっている。…（中略）…急速な情報化の進展は、生活や社会活動のあらゆる面で直接的な体験の機会を減少させ、人間関係の希薄化を招いている。…（中略）…こうした変動の中で価値観が揺らぎ、個人も、社会も、自らへの自信や将来への展望を持ちにくくなっている。…（中略）…社会全体に漂う目的喪失感や閉塞感の中で、学ぶことの目的意識が見失われ、勉強・努力を軽んじる風潮が広がっている。…（中略）…こうした傾向の広がりは、我が国社会の活力を失わせ、その根幹をむしばむ危機につながるものと危惧せざるを得ない。（中央教育審議会二〇〇二）

このように、現今の社会状況全般について、かなりの危機感、焦燥感が感じられる認識を述べています。経済界の危機感と共通した現状認識ですが、より広く社会的・文化的な状況を捉えようとしているところに教育審議会らしさがあるといえるかもしれません。そして、このような認識は、直感的には的確で多くの人があたっていると同意できそうな指摘になっています。しかし、なぜこういう状況が生じているのか、その分析に関して答申は何も述べず、この状況の克服を「教養教育」

に託そうとしているということができます。そして、こうした認識をもとにして答申の第二章「新しい時代に求められる教養とは何か」において、次のように説いています。

教養とは、個人が社会とかかわり、経験を積み、体系的な知識や知恵を獲得する過程で身につける、ものの見方、考え方、価値観の総体ということができる。教養は、人類の歴史の中で、それぞれの文化的な背景を色濃く反映させながら積み重ねられ、後世へと伝えられてきた。人には、その成長段階ごとに身につけなければならない教養がある。それらを、社会での様々な経験、自己との対話等を通じて一つ一つ身につけ、それぞれの内面に自分の生きる座標軸、すなわち行動の基準とそれを支える価値観を構築していかなければならない。教養は、知的な側面のみならず、規範意識と倫理性、感性と美意識、主体的に行動する力、バランス感覚、体力や精神力などを含めた総体的な概念として捉えるべきものである。（中央教育審議会二〇〇二）

ここで述べている「教養」の定義は、従来「幅広く深い教養、豊かな人間性」と表現されてきたことを適切に解説しているということができる内容で、とりわけ新しいというほどのことでもありませんが、概ね適切な説明であると受け止めることができるものです。

答申はこれに続いて「新しい時代に求められる教養」として次の五点を挙げています。

●社会とのかかわりの中で自己を位置づけ律していく力や、自ら社会秩序を作り出していく力。

●世界的に広がりを持つ教養、世界の人々と外国語で的確に意思疎通を図る能力。
●科学技術をめぐる倫理的な課題や、環境問題なども含めた科学技術の功罪両面についての正確な理解や判断力。
●国語の力、日本人としてのアイデンティティの確立、豊かな情緒や感情の涵養。
●我が国の生活文化や伝統文化の価値を改めて見直す。

ここに至ると、先の「教養」を実現するものとして、これでよいのかという本質的な疑問が生じます。捉え方の本質的な逸脱が感じられるのですが、この点については次節で議論することにします。

◉『将来像答申』とその後

ここまでみてきた大学審議会の二つの答申（『21世紀答申』、『グローバル化答申』）と中教審答申は、教養教育の重要性を強く訴えるものとなっていましたが、次にみる二〇〇五（平成一七）年一月の中教審答申『我が国の高等教育の将来像』（「将来像答申」）では、教養教育を中心にした言及は影をひそめ、高等教育の全体像に対してかなり包括的な提起をするものでした。それは、その第一章「新時代の高等教育と社会」のなかでの記述からもわかるでしょう。

●二一世紀は、新しい知識・情報・技術が政治・経済・文化をはじめ社会のあらゆる領域での活動の基盤として飛躍的に重要性を増す、いわゆる「知識基盤社会」の時代である。

●国際競争が激化する今後の社会では、国の高等教育システムないし高等教育政策そのものの総合力が問われることとなる。
●しかし、高等教育が近年の社会の変化に真に対応できているか、また、十分に高い質を保っているかといった点については、大いに問題があると考えられる。
●我が国の高等教育は危機に瀕していると言っても過言ではない。高等教育の危機は社会の危機であり、これ以上、現在の高等教育が置かれている深刻な状況を座視し続けることは許されない。（中央教育審議会二〇〇五）

このように高等教育の現状全体に対して激しく不満をぶつけるものとなっています。この時期に先だって、二〇〇一（平成一三）年には小泉内閣のもとで文科省「遠山プラン」（「国立大学の構造改革の方針」）が出され、二〇〇四（平成一六）年にはその具体化として国立大学が「法人化」されたにもかかわらず、それだけでは大学の実態の効果的な変革は容易には進まないという、いわば「あたりまえ」の状況があることを反映していたといえるでしょう。またこの間の状況として答申では次のことを挙げています。

●知識基盤社会への移行により大学の教育・研究機能に対する社会の期待が大きくなってきたにもかかわらず、大学教育は逆に一八歳人口の急激な減少に伴う大衆化や多様化によりその質におおきな不安を抱えることになり、高等教育の質の確保が改めて大きな課題になった。

●企業内教育機能が低下すると同時に、知識基盤社会においては企業で活動する上でも汎用性の高い知識を持ち自ら課題を探求し解決できる能力がますます必要となったことから、大学の人材養成機能に対する社会の期待は極めて高くなった。
●経済のグローバル化に伴う競争の激化に象徴されるように、世界大競争時代の到来とも言える状況が現出している。知識基盤社会への移行は、国際性や国際的な通用性が大学の個性的で特色ある発展にとって極めて重要であることを改めて認識させることとなった。学術研究分野での国際的な競争だけでなく、大学教育が国境を越えて提供される中で、国外の大学をも意識しながら切磋琢磨することが求められる。（中央教育審議会二〇〇五）

ここからもわかるように、とりわけ一八歳人口の減少と、教育における国際通用性という点での新たな課題を意識し、教養教育の重要性というレベルから大学の教育機能全般に論点を移したものとなっています。

この基本的な方針は、二〇〇八（平成二〇）年の中教審答申『学士課程教育の構築に向けて』（『学士課程答申』）に引き継がれます。新たに学士課程教育の「構築」と謳い、ここで用いている「学士力」という「能力」を以下の四点に示しています。

●知識や技能を活用して複雑な事柄を問題として理解し、答えのない問題に解を見出していくための批判的、合理的な思考力をはじめとする認知的能力

●人間としての自らの責任を果たし、他者に配慮しながらチームワークやリーダーシップを発揮して社会的責任を担いうる、倫理的、社会的能力
●総合的かつ持続的な学修経験に基づく想像力と構想力
●想定外の困難に際して的確な判断をするための基盤となる教養、知識、経験（中央教育審議会二〇〇八）

そしてこの答申は各大学に「ディプロマ・ポリシー」、「カリキュラム・ポリシー」、「アドミッション・ポリシー」の「三つの方針」を明確にすることを求めましたが、これらは先の「将来像答申」を具体化する指導方針になっています。

さらに、二〇一二（平成二四）年に「新たな未来を築くための大学教育の質的転換に向けて」を答申しました。ここでもまた、次のように述べています。

グローバル化や情報化の進展、少子高齢化などの社会の急激な変化は、社会の活力の低下、経済状況の厳しさの拡大、地域間の格差の広がり、日本型雇用環境の変容、産業構造の変化、人間関係の希薄化、格差の再生産・固定化、豊かさの変容など、様々な形で我が国社会のあらゆる側面に影響を及ぼしている。…（中略）…個人にとっても社会にとっても将来の予測が困難な時代が到来しつつある。（中央教育審議会二〇一二）

そして、このように述べたうえで、「我が国固有のイノベーションを起こす能力、我が国の固有の価値を異なる文化・言語的背景を持った人々に発信できる能力、異なる世代や文化を持った相手の考え方や視点に配慮しつつ意思疎通ができる能力」の育成を求めています。このような答申の趣旨は『将来像答申』以来一貫しており、その教育現場での具体的実効を指導しようとして現在に至っています。

『将来像答申』以前の教養教育重視の論調に対して、その後の「学士課程教育」全体への論調の変化は、これもまたグローバル化を背景とし、高等教育におけるボーダーレス化を念頭においたものであるといるでしょう。ＥＵ諸国における学生や研究者の流動化の高まりに対応して生じた大学卒業資格の比較・標準化の流れを意識し、留学生交流の政策的促進のためにも、大学卒業者の獲得能力の明確化が必要になる。ここから大学教育全体の「質保証」が課題となるということでした。そしてその場合の大学四年の学部教育の内容としては、やはりアメリカ型の General education のイメージが強く、その点では学部教育全体の教養（一般）教育化の方向を求めているといえます。また一方で少子化・大学全入時代という現在の状況で問題となっている学生の学力低下・質低下にどう対応するかということも「質保証」を強調する要因となっています。企業社会の要請に応えるように卒業時に身につける能力を示し（ディプロマ・ポリシー）、その能力を身につけさせるためのカリキュラムを編成し（カリキュラム・ポリシー）、厳格な成績評価をし、ＧＰＡやＣＡＰ制を導入し、授業評価をし、ＦＤをし……、これらで大学教育の質を保証せよという流れに、文科省による種々の財政誘導がリンクするという状況が作り出されているのが現状です。このようななかで強調される大学の「主体性」に違和感を抱くのは筆者のみの偏見でしょうか。

第3節　新自由主義の教育観

この章のはじめで、大学教育のみならず、政治・経済を中心にした社会状況全体の質的な転換の象徴的な年として一九九五（平成七）年という年があることをみました。これ以降の教育審議会などの諸答申に強調されていることはつまるところ、グローバル化の進行による世界的な経済戦争に勝たなければならないが、そのために必要な人材、とりわけ「イノベーション」を生み出す高度な「能力」を備えた人材が必要だという産業界の要求を基調としています。しかし現状の教育、とりわけ大学教育はその役割を果たせていない、また、教育の質においても世界に伍していく状況でないという危機感、焦燥感をもとに、大学教育の方法や成果・評価の経営戦略的なシステム化を要求するものとなっています。

先に紹介した二〇〇二（平成一四）年の中教審答申『新しい時代における教養教育のあり方について』は、高等教育だけでなく初等・中等教育を含む教育全体の課題として教養教育を論じたものでした。そこにあった、「社会全体としての豊かさが実現されていない」という表現は、日本社会が全体として「貧困」であるという認識を述べていることになります。「社会的な一体感が弱まっている」というのは、高度成長期にあった「追いつき追い越せ」、「一億総中流」といった一体感が過去のものになったということなのでしょう。「閉塞感」や「目的意識の喪失」によって失われているという「我が国の活力」の復活を期待する文脈には、新たな「総動員」のナショナリズムすら感じられます。

ここで一九九五（平成七）年という年を象徴的な年として挙げましたが、他にもこの年の特徴を示すものとして、五月に日経連が発表した『新時代の「日本的経営」』という提言があります。この提言は、これからの勤労者を「長期蓄積能力活用型」、「高度専門能力活用型」および「雇用柔軟型」の三つに分類することを提起したものでした。はじめの二つはいわば企業の幹部候補生とエリートスペシャリストです。そして三つめは「使い捨て」の労働力を指しています。バブル崩壊後の不況と国際競争の激化のなかで産業界が踏み出した新たな労働力再編成、日本型終身雇用システムからの転換の方針です。これを機に非正規雇用が急激に増加し、就職氷河期に見舞われるなか「フリーター」、「ニート」が流行語にも登場することになりました。現代の「奴隷制度の始まり」と指摘する声もあります。その後、一九九七年の山一證券の経営破たん以降、一九九八（平成一〇）年から、自殺者数が年間三万人を超え、先進国のなかでは突出しており、児童虐待件数や修学援助受給世帯数の増加などもみられました。一九九四年には一一〇万軒以上あった従業員数四人以下の小売店は一〇年後にその三分の一がなくなったということです（速水 二〇一三）。

このような状況を背景にして、中学や高校の生徒たちにとって学校とそこでの勉強のもつ意味が「部分化」してきます。受験・進学が強い支配原理になっているなかで、成績のよい生徒とそうでない生徒の差が開き、峻別され、学ぶ環境の格差が「個性化」という言葉に飾られて拡大しました。かつて、ほとんどの生徒たちにとって共通で自然な居場所であった学校が、生徒たちにとって唯一の居場所ではなくなってきました。「個人も、社会も、自らへの自信や将来への展望を持ちにくくなっている」（中央教育審議会二〇〇二）のはこのような状況のゆえですが、そのことは、答申では説明されてはいません。

格差社会の拡大・固定化と、とりわけ若い人たちを覆う「希望感喪失」（山田二〇〇七）という現実を背景としながら、答申がとりあげている基本的な課題は、グローバル化の進む経済状況のなかで「知識基盤社会」に対応できる基礎教育と倫理教育を求めるということにつきています。とりわけ初等・中等教育段階では修養的教養、倫理教育が強調されているのです。答申に示されている立場は、新しい経済的要請に応じる「国民教育」の方針を教養教育として掲げているもので、民主主義社会を担う個性豊かな人々を育む教育とは質的に異なる「上から目線」の政治方針となっているのではないかということができます。

この時期に強烈に打ち出され、また、このような教養教育を的にした諸答申の背景をなしている人材像の性格について、本田由紀は「ハイパー・メリトクラシー化」としてその経緯と特徴を的確に捉えていました（本田二〇〇五）。一九九六（平成八）年三月の経団連の提言「創造的な人材の育成に向けて―求められる教育改革と企業の行動」では、求められる創造的人材として、「主体性」、「自己責任の観念」、「独創性」の三つを挙げましたが、これについて本田は次のように説明しています。

この提言が肯定的に掲げている諸要素は…（中略）…、「ポスト近代型能力」そのものである。その核となっているのは、多様性（非標準性）と革新性（非順応性）であり、また「知識」や「学

力」でない「意志」や「発想」さらには「素質」なのである。（本田二〇〇五）

一九九六年七月に中教審答申『２１世紀を展望した我が国の教育の在り方について―子供に「生きる力」と「ゆとり」を』が出ています。この後、学校教育で「ゆとり」や「総合的な学習の時間」が取り入れられ、後には学力低下が問題になるもとになったものです。これについても本田は、的確な指摘をしています。

この「生きる力」言説を、（先の）経済界の「人材」提言と照らし合わせるならば、その相似性は明らかである。主体性、判断力、創造性、問題解決能力などの共通するキーワードが列記されており、「単に過去の知識を記憶していること」が否定されている点でも同じロジックが踏襲されている。ただし中教審答申では、「他人を思いやる心や感動する心」、「美しいものや自然に感動する心といった柔らかな感性」、「生命を大切にし、人権を尊重する心」など、経済界の「人材」言説よりもいっそう幅広い「道徳的」な側面を強調していることが異なる。即ち教育政策言説は、経済界の言説に「教育的」な要素を加味し、より拡張したものであるということができる。（本田二〇〇五）

その後、「ゆとり」教育が学力低下を招いたとして批判され、初・中等教育の現場には一定の修正が図られていくことになりましたが、「人材」として求められた像は「人間力」といった表現で受け継がれました。前出の教養教育の答申と同じ二〇〇二（平成一四）年八月に遠山文科相が「人間力戦略ヴィジョン」を示し、また同年一一月には内閣府・経済財政諮問会議に「人間力戦略研究会」が置かれました。前者の「人間力戦略ヴィジョン」では、「自ら行動するたくましい日本人」、「「知」の世紀をリードするトップレベルの人材の育成」、「心豊かな文化と社会を継承・創造する日本人」、「国際社会を生きる教養ある日本人」の四つを目標として掲げました。また後者の研究会の報告書では、「人間力」を「社会を構成し運営するとともに、自立した一人の人間として力強く生きていくための総合的な力」として、「①基礎学力、専門的知識、論理的思考力などの知的能力的要素、②コミュニケーションスキル、リーダーシップ、公共心、規範意識などの社会・対人関係力的要素、③意欲、忍耐力、自分らしい生き方や成功を追求する力などの自己制御的要素」の三つを挙げました。

ここに挙げられている基礎的知識と能力は、一般的な意味では必要であり望ましいことはいうまでもなく、同意できるものです。しかし、文脈から読み取れるのは、能力を徹底的に「個人の能力」に帰しているという特徴です。このような流れは、例えば就職の人事選考において、卒業大学や学歴を重視したかつての風習から、それらを伏して面接やグループ討論などにおけるパフォーマンスを重視する傾向への変化にも現れています。そこで基準になっているものは学習や経験の蓄積ではなく、個人の「意志」や「発想」さらには「素質」を測るという性格をもちます。このような「能力」は、単に学校や大学での学習だけで得られるものではなく、家庭、経済状況、学校や地域を含む社会環境における成長過程のすべてによってつくられてくるものであり、文字どおり子供たち・若者の多様性を特徴づけるものです。そしてこのような質を物差しにした競争のなかで「負ける」

のは、いわば個人の成長の全体に減点がつけられ、人格否定にも匹敵するものとなります。そしてその結果を「自己責任」とする発想は、時代情勢が要求する技術的なものではなく、新自由主義に本質的な思想としての特徴です。

中学・高校においても、学校間の競争のなかで、いわゆる進学校とされる高レベル学校には、能力の高い生徒が集まり、スーパー・サイエンス・ハイスクール（ＳＳＨ）などに象徴されるような単に高レベル大学への進学のみならず、総体として高い知識と能力レベルの生徒が集中する一方で、低レベルの周辺校では、学校の時間内に教科を学習させることすら困難な生徒たち、学校の意味を受け止められない生徒たちを抱える状況が常態化しています。人としての総合的な成長において深刻な格差が広がっている状況があり、この状況の底流に、個人の能力、「適応能力型」人材の評価尺度が置かれているということがあります。

一般的に、基礎的な知識、論理的な思考力、発信力などの力の強化が望まれることはいうまでもありませんが、教育の現場においては、その「競争」力をつけることではなく、すべての生徒、若者たちがそれぞれの個性に応じてこのような力を獲得して成長するためにどのように努力するかが課題です。しかし、諸答申には、どのようにしてこれらが育まれるかということについて納得させる議論はありません。生きる力、忍耐力、発信力などの資質は、さまざまな問題に興味・関心をもち、多様な人々、仲間、社会のなかで生きることを考え経験することを通して生まれ、発達するものです。そして大学教育は、これを歴史的に積み上げられた諸分野の学術研究との関連において捉え、質を高める場です。教養教育がその役割であることは明らかであり、個人の適応型能力が上がることのみが評価の尺度ではないのです。

第4節　大学教育の現場における混乱と模索

では、大学教育の現場での一般（教養）教育はその後どのように変化してきているでしょうか。ここでは①教養教育の混乱・「多義化」と、②カリキュラム上の対応、の二点に整理してみておきたいと思います。

◉教養教育の混乱・「多義化」

大学設置基準の「大綱化」（一九九一年）から後、大多数の大学で一般（教養）教育が縮小され専門教育の比重が高くなったことは事実ですが、それを単純に数値でみると大声でいわれるほどに極端ではありません。四年間の修得必要単位数に対するいわゆる「教養教育」の単位数[1]の比率を、「大綱化」の前（一九七七（昭和五二）年）と後（二〇〇三（平成一五）年）で比較したデータ（吉田 二〇一三）によると、減少著しいのが医学系で四三・三パーセントから二七・二パーセントに、理工系は三六パーセントから三〇・〇パーセントであり、人文や社会系では三四-三五パーセントから三二パー

（1）ここで教養教育の単位数といっているのは、学部四年間の修得必要単位の内、いわゆる専門教育を除いたものすべてを指しておきます。

セントに、というような変化となっています。これらには卒業必要単位の総数自体が減少していることも影響しています。

ただ、「大綱化」以前の一般教育科目、「人文・社会・自然」から各三科目一二単位、計三六単位、および外国語、保健体育、さらに専門基礎科目まで含めたそれぞれがどのように変わったかというと、やはり大きな変化があります。相対的に大きな減少になっているのは一般（教養）教育の核をなしていた「人文・社会・自然」の三六単位相当分で、この部分については低いところでは六単位まで、高いところでもおよそ二〇単位程度に減少しています。また、英語以外の外国語や保健体育の単位数を半減、あるいは必修から選択に切り替えた大学が多くあります。これらの減少に比べて一般教育の範疇に含まれていた専門基礎科目は、理系学部を中心にその比重はほとんど変化していません。大学によって、教養部などの組織改廃の際に専門学部の側から縮小を懸念して強い抵抗があったのはこの専門基礎教育の部分でした。そしてまた、教養部のようなこれまで一般教育を一手に引き受けていた教員組織が分解すると、専門基礎教育の負担が学部の教員に襲ってくるという危機感も抵抗の一因でした。一般教育課程という枠が取り払われるとともに、「学部四（六）年一貫教育」が強調されたことから、専門教育が低学年に入り込み、学部・学科ごとに専門教育・基礎教育の連続性が強調され整備された結果として、一般教育全体としての縮小は、その核の三六単位の部分にしわ寄せられたのがほぼ全国的な状況であり、教養教育が弱体化したというのはこの点でやはりそのとおりの指摘です。

一九九八（平成一〇）年の大学審議会答申（21世紀答申）に基づいて翌年に「大学評価・学位授与

機構」が設置され、いわゆる「第三者評価」が制度化されることになりました。大学評価・学位授与機構が最初に行ったのが大学評価の試行でした。二〇〇二（平成一四）年には、「全学テーマ別評価」の一つとして「国立大学の教養教育評価」が行われました。このとき各国立大学が提出した「自己点検・評価書」のなかで示された「教養教育に関するとらえ方」をみると、大多数の大学が「専門教育と教養教育の有機的連携」という表現を用いていました。しかし、この「有機的連携」とはどのような質を指すかについてほとんど明確に説明したところはなく、いわば「言葉のあや」の感が強くありました。もともと一般教育のモデルとなっていたアメリカのGeneral educationの基本的考え方は「四年の普通教育」であって、これには「専門教育との連携」という発想はまったくありません。わが国の大学が専門学部中心に始まり、その構造に固く縛られたまま前期二年の一般教育を詰め込んだ経緯を反映していて、「有機的連携」はこの状況をとりつくろう言い訳じみた感じがあります。概ね基礎から専門への連続性を指しているだけであり、せいぜいこれまで前後期二年に区分されていた課程から、一般教育に専門教育をくさび型に入れ込む形に変更する程度であり、教養教育の部分は「基礎知識の幅広い修得」を指しているにとどまっていて、教養教育の理念から内容・実施の具体的方法までを含めた体系的な方針を示しているとはいえないものでした。

教養教育に相当する単位数はほぼすべての大学で縮小されましたが、多くの大学でこれまでの一般教育の科目群は「共通教育」、「全学共通教育」などと呼ばれる枠組みとして残されました。その後には先に示した一九九五年以降の社会状況の変化を反映したいくつかの特徴があります。

その一つは、一八歳人口の急激な減少によって顕著になってきた少子化・大学全入時代と呼ばれる状況です。一九九二（平成四）年のピークから、その後の一八歳人口の著しい減少（一九九二年：二〇五万人→二〇一四年：一一八万人）の一方で、短大の経営難による四年制大学への転換をはじめ、大学設置審査の規制緩和によって学部新設が大幅に進んだことなどによって、大学の総入学定員数は大きく増大しました（一九九二年：四七・三万人→二〇一一年：五七・八万人）。この結果、とりわけ小規模の私立大学では入学定員を充足できない「定員割れ」が経営上からも深刻になってきました。そして、大学のランクによる学生層の学力格差が際立つようになってきました。東京大学や京都大学、少数の有名私大など難関大学（トップクラス）は別として、都会を中心とした国公立大学や伝統的私大などで、志願者競争率が二-三倍程度を維持している大学・学部（中堅クラス）に対して、中小の私立大を中心として、定員割れを抑えるために推薦入試やＡＯ（Admission Office）入試を多用する大学（低位クラス）では、学生の学力の低下や、志望動機、目的意識の希薄化が際立ってきました。ＡＯ入試を「オール・オーケー（All OK）入試」と揶揄する声も聞こえる状況です。それでも大学進学率は五〇パーセントを超え、学力はともかくとしてとりあえず大学に進学するという状況があるのは、高卒就職の著しい困難、あってもきわめて低質の単純労働、パートタイムや派遣業務など不安定な雇用に限られるからです。もちろん全国すべての大学がこの三つのレベルに截然と分類できるわけではなく、およそ偏差値に対応して連続的に分布している状況ですが、年ごとにその区分、階層化（勝ち組、負け組）は鮮明になってきました。このような状況は、筆者自身が京都大学を退職後、中部地区の小さい私立大学の運営に携わり（二〇〇六-二〇一〇）、多くの大学学長や教育責任者の方々と交流してつぶさに認識してきたものです。

こうしたなかで、とりわけ低位クラスの大学では、中学・高校での欠落を補うための初歩的な学習を取り入れなければならない（リメディアル教育）、またパソコンの使い方、レポートや文章の書き方、プレゼンテーションなどの技法教育、あるいは図書館の使い方や、さらには礼儀作法まで教えなければならないといった状況が生じてきました。また、低位クラスのみならず、中堅クラスの大学においても、就職支援のためのいわゆる「キャリア教育」が多くの大学のカリキュラムに位置を占めるようになりました。これらは、一方では、汎用的能力、ジェネリック・スキル教育の強化を強く求めてきた諸答申に押されたと同時に、大学の経営上の売りとして、卒業・就職に向けてどのような教育指導をしているかを競わねばならないことから生じてきました。そしてまたこのような現場での教員は、幼い子供のようにみえる学生たち、学習習慣が欠落した学生たちを、何とかして卒業させなければという良心で学生と向かうことになり、自らの専門研究に基づいた授業とは相当に距離のある教室活動をせざるを得ないという状況が拡大しているのです。

外国語教育にも大きな変化が生じました。「グローバル化」という掛け声によって「使える英語」が著しく強調され、これに伴って英語以外の言語科目の縮小が多くの大学で進んだことは先に触れました。かつて、ドイツ語やフランス語など大学生になって初めて習う言語は、大学教育を象徴するものの一つであったし、最低でも、発音し辞書を使うことができるようになるだけでも教養としての意味があるという実感がありますが、トップクラス大学以外の大多数の大学で単位の縮小や選択科目への変更が行われました。これによってドイツ文学やフランス文学などを専攻する大学院学生が就職難にさらされるという事態まで生みました。

　このような大学現場の状況変化においては、従来の教養教育科目がそれぞれ学問のディシプリンに基づいていたのに対して、これとは異質な「手習い」が「教養教育」に流れ込んできたことが特徴となっています。入学初年次生を対象とした「基礎ゼミナール」を必修科目として「学び方」を主眼にした導入科目を用意している大学も多くあります。初年次教育や導入教育、あるいはキャリア教育などが英語や専門基礎科目に加わり、これらをひっくるめて「新しい教養教育」と呼ぶようになっていますが、このような状況を天野郁夫は教養教育の「多義化」と評しました（天野 二〇〇二）。結局、専門教育以外のこれらの科目群をも一括して教養教育と便宜的に呼んでいるにすぎないことになり、「教養」、「教養教育」が無内容な代名詞になっているといわなければなりません。

◉カリキュラムの模索

「大綱化」後の教養教育の弱体化という事態と、他方で大学審議会の『２１世紀答申』、『グローバル化答申』の議論があった時期に、大学教育カリキュラムの指導原理的なものを模索していた文部省は、一九九六（平成八）年に大学の「カリキュラム研究開発支援」という方針を示し一定の予算を計上しました。各専門分野別にカリキュラムの標準モデルを立案する研究が計画されたわけです。教養教育についても、「全学共通教育（教養教育）に関するコア・カリキュラムの開発推進プロジェクト」を立ち上げることになり、京都大学が拠点大学となって検討することになりました。これに国公立四大学（東北大学、京都工芸繊維大学、広島大学、大阪市立大学）と私立三大学（国際基督教大学、東海大学、桃山学院大学）が協力大学となり、「教養教育カリキュラム研究開発協力者会議」が発足しました。文部省の狙いは、大綱化以降の教養教育の弱体化・分散化の状況への対応として、カリキュラムの基本的なモデルを打ち出すことができないかということであり、そのキーワードが「コア・カリキュラム」でした。このプロジェクトは一九九七（平成九）年から三年間の検討を経て報告書「新たな教養教育の創出をめざして」（二〇〇〇）をまとめました（筆者も後半にこの会議に加わりました）が、結論的には「コア・カリキュラム」というものはわが国の大学教育の現状で一律に適応できるものにはなり得ないとの判断を示し、結果的には文部省の期待どおりにはなりませんでした。

「コア・カリキュラム」というのは一般的には初等・中等も含めた教育カリキュラム・方法論として世界的に議論されてきた概念ですが、大学教育において特に注目され話題になったのは、一九七八年にハーバード大学で行われたGeneral educationのカリキュラム改革でした。四年間の「普通教育」を品質管理し、学士が身につけるべきミニマム・スタンダードとして共通に修得させるべきものを設定するという狙いをもつもので、それまで三〇年近く維持されていたカリキュラムの新たな改革として導入されたものです（清水 一九八六、深野 二〇〇五）。私たちのまわりでも、学園紛争以後の一般教育・教養部の改革の議論において参考になるものとしてときどき耳にすることがありました。おそらく文部省もこのあたりを念頭において期待していたのだろうと思われます。

しかし、協力者会議の報告書は「教養教育に関する狭義のコア・カリキュラムを多くの大学に共通するかたちで設定することは、現在の日本の大学の在り方から見てほぼ不可能」と結論しましたが、現状について、次のように述べました。

この時代の大学卒業生が共通して「最低限学んでおくべき事柄（知識、態度、技術）」といった問題設定の仕方は可能と思われるが、それがいわゆる「教養教育」ということになるかどうか、大いに議論の分かれるところである。

現在、多くの大学における一般教育、教養教育では、コモンベーシックス（外国語、情報リテラシー、表現・発表力など）、基礎教育科目、非専門的科目（いわゆる一般教養科目や学際的科目等）が分かちがたく混在しているのが実情で、それが問題を複雑にしている。

伝統的な教養の概念は放棄し、必要な態度、知識、スキルを与えることを一般教育の限定的目的にすべきであるという現実論も根強い。しかしそれは「教養」と呼ぶよりも、コモンベーシックスあるいは基礎教育と呼ぶのが適当であると思われる。（京都大学学生部教務課 二〇〇〇）

また提言として、次のとおりにまとめました。

今後の教養教育は、その使命として、以下の二つの枠組みで捉えるのが妥当であろう。

①大学教育における共通基礎（コモン・ベーシック）

個別専門分野の基礎とは区別して、専門分野に特定せず、共通して求められる知識と技能の習得であり、教養教育の一翼として改めて提起するもの。

②人格の形成・発達としての教養教育（非専門性と学際性）

知識や技術そのものの修得ではなく、人間や社会とのかかわりにおける知識や学問研究の意味、人類の認識の歴史としての科学の位置づけを考えさせる（●主たる専門分野と他の専門分野の相互関係を考察する：非専門性、●人間と社会の現代の課題を考察する：総合性）。（京都大学学生部教務課二〇〇〇）

「共通教育」や「教養教育」という呼び名が混同されて「なんでもあり」の状況があり、また大学間格差の拡大の状況下で教育の内容や質、レベルの多様化も進んでいるけれども、そのなかで、「教養教育」を概念的に整理し明確にする点では適切な提言となっており、文部省の期待には沿わなかったものの一定評価できるものでした。

文部省が期待したような教養教育の共通モデルとしての「コア・カリキュラム」という試みは、結局教養教育の一部の側面、一般基礎教育的な部分を抽出して据える考え方であり、本来の教養教育の理念を包括しきれないため、まとめあげることはできませんでしたが、「大綱化」以降、各大学での「共通教育」カリキュラムの改編のなかでは、総合性、学際性を念頭においた科目区分や、科目のパッケージ化など、カリキュラム・授業科目群を構造化する多様な試みがありました。「大綱化」以前の多くの大学では、一般教育におけるいわゆる教養教育、人文・社会・自然（三六単位）の科目群は、ディシプリン毎に配列された多数の科目から学生が自由に選択するのが一般的でした。「大綱化」以後に修得単位数が減少しても、この伝統的な自由選択を概ね基本にしている大学もあります。また一定の構造化を導入したところでも、それぞれのパッケージのなかの科目から一定数を選択させる方式を採っている場合もあります。そしていずれの場合も、従来からの人文・社会・

自然の各科目の多くが残されています。「幅広く深い教養」というときにやはりそれぞれのディシプリンによる入門的・俯瞰的な科目が必要という立場は、大学の教養教育を考えたとき欠かせないというのが一般的な理解なのでしょう。また、つねに個別専門分野の研究者である教員が授業を担わなければならないので、その条件内で可能なもので構成せざるを得ないという事情もあります。そして、大学教育の優秀な受益者であった教員には、自分たちがかつて経験した教養教育の一定の意味づけ・存在感が染みついていて、産業界から要請される技術的教育に対して、それが学問をする大学の使命なのかという反発があるのも事実です。しかし、選択科目として提供されている個々の科目の内容や方法の多くは、いままでのように担当教員に任されているのが多くの実情です。

伝統的な「自由な科目選択」は、学生が自らの意欲・関心に基づいて自律的に教室に参加し学ぶという、教養教育の学習者として基本的な姿勢を前提としています。しかし、一九七〇年以降の大学の「大衆化」のなかで、この本来性が失われてきたことが批判の一因でした。学生たちは何を学びたいかよりは、専門のためや就職のために何を学んでおく必要があるかという判断、あるいはどの科目が「楽勝」科目かなど、要領よく振る舞おうとする傾向が強まり、このようななかで「教養教育が役割を果たしていない」という批判が生まれました。理系の場合には教養科目として用意されている科目の多くが専門基礎科目と区別がなく、学生は必然的に選択枝が固定化する状況もありました。カリキュラムの構造化は、このような学生の状況に対する対応策として、あるいは脈絡ない「つまみぐい」の選択という批判に対する回答として生まれてきたものということができます。

しかし、固い構造化、あるいはコア・カリキュラムといった考え方は、Liberal arts education という視点からすると異質な性格をもつところがあります。General education とつながるコア・カリキュラムは専門分野などにかかわらず、すべての学生が少なくとも習得すべきもの、Minimum requirement を設定してこれを学ばせるという立場です。そこには一定程度強制的に学習の達成を求める、すなわち「修得」させるという性格をもちます。アメリカ流なら、宿題を出し予習・復習を課して学習成果を把握し評価するという、学校学習的スタイルになります。従来からの自由選択では、この「修得」的な科目も含めて学生の選択に任せていたため、この点での未整理が曖昧さにつながっていたわけです。「一般教育」においてはコモン・ベーシックの性格をもつ部分が必要なものとして含まれていたことはいうまでもなく、現在も総じて共通教育と呼ぶもののなかにこれが含まれるのは自然なことです。先の協力者会議の提言が「大学における共通基礎」と「人格の形成・発達としての教養教育」の二本柱としたのはこの二つの側面を整理して捉えたものです。その上で後者をいわゆる本来の教養教育の部分、Liberal arts education として位置づける点に妥当性があります。そしてこの後者の「人格の形成・発達としての教養教育」は、人文・社会・自然のそれぞれの学術の営為を基礎にした多様な科目と、これらへの学生の主体的な参加によって行われなければならないということです。

◉状況の整理：何が足りないのか

以上、大学設置基準の「大綱化」から後の教養教育をめぐる変化にみられる二つの状況をみてきました。その一つは「教養教育」と慣習的に呼んでいるもののなかにいわゆるジェネリック・スキルの訓練を目的とした学習が入り込んできたことです。表現力、問題解決能力、コミュニケーション力など、個人的活動の「能力」、パフォーマンス力を養成するという目的設定です。大学教育にこれが入り込んできたのには、「社会人基礎力」に代表されるような産業界からの強い要請があるとともに、他方で一八歳人口の減少と学力や学習意欲の低下・分散化に対する大学の側からのやむにやまれない対応という側面もありました。またこれと呼応して、文科省が進めたＧＰ（Good Practice）をはじめとした教育の取組に対する競争的資金の導入も一役買っています。このような基礎教育的取り組みの必要性を頭から否定するものではありませんが、これらが「民主社会を支える市民性の涵養」という教養教育の本来の目的に適応するものかどうか、「市民性」の本質とは何かを考えるとき「個人の活動能力」だけでは欠くものがあることは明らかです。

もう一つの状況として多くの大学が進めた「カリキュラムの構造化」がありました。中堅の国公立大学や規模の大きい私立大学の多くで「大綱化」後に行った改革はほとんどカリキュラム上の改革に尽きているといっても過言ではありません。一般教育の単位が削減され専門教育が低学年のカリキュラムに浸潤してきたのは程度の差こそあれほとんどの大学に共通していました。一方でかつての人文・社会・自然の諸科目の羅列から、教養教育の意図を少しでも明示的にしようとして「構造化」が試みられてきました。それらのなかでは、コモンベーシックとしての性格をもたせたものや、自由選択を基本にした多様な教養科目にガイダンス機能を付加した科目のパッケージ、環境・情報・社会・人間・文化など種々のテーマを設定した科目のセットなど、大学によっていろいろな呼び名で拡がっています。また、人文・社会系でも自然系でもこれまでのディシプリンごとの科目だけでなく、これらを融合させた「分野横断的な知」、「異分野を架橋する知」といった試みを進めている大学もあります。これらには教養教育の目的、「市民性の涵養」を念頭において、現代社会の課題への接近を図ろうとする積極的な意図があります。しかし、このようなカリキュラムの改編が自動的に教養教育の本質的な転換、学生の学習の転換に十分な役割を果たしているかという点では、いささかの危惧すべきものが感じられます。

どのような場合も、担当する教員は、学生が聞いて面白いと興味をもってくれそうな内容の講義にしようと工夫しています。あるいは、将来の専門分野にかかわらず少なくとも社会人の常識としてこれぐらいは知ってほしい、理解してほしいという思いから授業を構成します。また、授業方法として、学生の参加型授業に切り替えていく試み、「アクティブ・ラーニング」の研究など、近年多くの大学で改革が進められていて、種々の教育学会やFDでとりあげられています。学生が一方通行の講義を聞くというかつての授業スタイルから、教室を学生自身の学習の場とする試みが拡大してきています。これらもまた諸答申の要請に呼応するものでもありますが、それだけではなく、教育に対して真摯で積極的な教員の個人的な努力から発した側面が強いものです。しかしこれらさまざまな試みはまだ大学の教養教育の大勢を変えるまでには至っていません。むしろここで気になるのは、教員の側が考え、知恵を絞って編み出すカリキュラムや授業内容・方法が、実際には学生の興味・関心とかみ合う、あるいは学生にこれまでに経験したことがないような新鮮なインパクトを与えているかという懸念です。実際には、教員の思いと学生の受け止め方にはズレがあると感じることがあります。往々にして学生たちは、多少の興味はあるがとりたててかきたてられるような知的興奮があるわけではなく、単位を取ることの方に意識がいきます。またしばしば多くの大学の実際では、専門科目や外国語などの配置や教員の都合に合わせて組まれた時間割があり、学生は一年次からできるだけ早く卒業必要単位を揃えたいので、選択科目といっても真に学習意欲から選択するよりも、自動的に受講できる科目をとる、あるいは友人仲間たちと一緒に、という行動様式が支配的であるのが実態です。

一九八〇（昭和五五）年に一般教育学会（現在の大学教育学会）が発足しましたが、その会誌の創刊の辞（学会の使命）で、扇谷尚会長（当時）は一般教育を以下のように表現していました。

> 批判的分析にもとづく自由な探求を基調とする学習、ならびにヒューマニズムの精神に立脚し、人間としての思想と感情に支えられた学習…（中略）…。人間を偏狭さから解放し、広範な問題に対する総合的判断力を養い、かつ立場の違いを超えて相互理解を可能ならしめる教育…（後略）。（扇谷　一九八〇）

この言葉は教養教育の使命、その人間的・社会的価値を明快かつ動的に表現しています。このような位置づけを念頭に置いたとき現在の教養教育の現状には、いま一つ本質的な点で欠いているものがあるように思われます。教員の努力は依然として一方的な独り相撲になり、学生にとっては知的興奮には至らない押しつけられた教育の域を脱しきれていないのではないか。すなわち、教養教育の議論の現状にはまだ何か本質的なものが「欠落」しているのではないかと感じられるのです。

【文　献】

天野郁夫（二〇〇一）「「教養教育」を問い直す」『IDE 現代の高等教育』（四二六）、五－一二
有馬朗人（一九九五）「一般教育の大切さ」『一般教育学会誌』一七（二）、二－八
扇谷　尚（一九八〇）「創刊の辞」『一般教育学会誌』一（一）、一
関西経済同友会（一九九四）『地球時代の新世紀を拓く人づくりを目指して―教育改革への提言』
京都大学学生部教務課［編］（二〇〇〇）『報告書・新たな教養教育の創出をめざして―大学における教養教育の現状と将来』教養教育カリキュラム研究開発協力者会議
経済団体連合会（一九九三）『新しい人間尊重の時代における構造改革と教育の在り方について（提言）』
経済団体連合会（一九九六）『創造的な人材育成に向けて―求められる教育改革と企業の行動』
経済団体連合会（二〇〇〇）『グローバル化時代の人材育成について（意見書）』
清水畏三（一九八六）「ハーバードの一般教育改革、教員任用など」『一般教育学会誌』八（二）、一七九－一八三
社会人基礎力に関する研究会（二〇〇六）『中間取りまとめ』経済産業省
大学審議会（一九九八）『21世紀の大学像と今後の改革方策について―競争的環境の中で個性が輝く大学（答申）』文部省
大学審議会（二〇〇〇）『グローバル化時代に求められる高等教育の在り方について（答申）』文部省
中央教育審議会（二〇〇二）『新しい時代における教養教育のあり方について（答申）』文部科学省
中央教育審議会（二〇〇五）『我が国の高等教育の将来像（答申）』文部科学省
中央教育審議会（二〇〇八）『学士課程の構築に向けて（答申）』文部科学省
中央教育審議会（二〇一二）『新たな未来を築くための大学教育の質的転換に向けて（答申）』文部科学省
寺崎昌男（一九九五）「戦後日本の大学教育と教養教育」『一般教育学会誌』一七（二）、一三－一六

中西新太郎［編］（二〇〇八）『1995年―未了の問題圏』大月書店
日本経済団体連合会教育特別委員会（一九九五）『新時代に挑戦する大学教育と企業の対応』
速水健朗（二〇一三）『1995年』筑摩書房
深野政之（二〇〇五）「ハーバードのカリキュラム改革―コア・プログラムからカレッジ・コースへ」『大学教育学会誌』二七（一）、一三一―一三七
本田由紀（二〇〇五）『多元化する「能力」と日本社会―ハイパー・メリトクラシー化のなかで』NTT出版
山田昌弘（二〇〇七）『希望格差社会―「負け組」の絶望感が日本を引き裂く』筑摩書房
吉田　文（二〇一三）『大学と教養教育―戦後日本における模索』岩波書店

第3章　何かが足りない

第1節　欠落するものは何か

前の章では、大学設置基準の「大綱化」の後、教養教育の弱体化という現象の一方、一九九五年を一つの変曲点として、政財界とこれに呼応した文部省・教育審議会などからの、大学教育とりわけ教養教育の強化を要請する提言や答申のラッシュがあることをみました。これらの主張に一貫しているのは、経済を中心にしたグローバル化の進行に適応する「イノベーション人材」養成の要求であり、そのために「パフォーマンス能力」の強化を教育目的に据えることを特徴としていました。一方、一八歳人口の減少や学生の学力低下に直面し、大学による質・レベルの格差が拡大し、多くの大学では旧来のディシプリンをベースにしたカリキュラム、授業科目のみでは対応できなくなり、特に教養教育にさまざまな種類の技法対応型の科目・方法が流入してきました。またその一方で「大綱化」以後の「弱体化」を克服しようとする真摯な検討も行われ、特にカリキュラムの見直し、構造化などが多くの大学で試みられてきました。まだ、教育内容の多くは担当する教員個々人に委ねられることが多いのが実情ですが、ＦＤや学会などを中心にした教育努力の交流によって、学生の参加型授業やアクティブ・ラーニングの議論・研究が進められるなどの展開も次第に組織的な取り組みに成長しています。しかし、あらためて現代社会における「教養教育」の基本的な役割は何なのかという問いに立ち返ると、方法論とは別に、これを基礎づける「教養」の本質的な点において何かが不足しているという危惧を感じるわけです。

この「欠落」という危惧は、つまるところ教養教育の理念・目標の問題です。ＩＤＥの二〇〇一年特集「大学の教養教育とは？」のなかで、阿部謹也は次のような指摘をしています。

学問が我が国では技術化しており、「いかに生きるべきか」という問いとは無関係なところで営まれている。…（中略）…多くの大学での教養教育では、自然・人文・社会の三教科が互いに何の関係もなく置かれており、担当する教師も事前に話し合いもせず互いに全く関係のない講義をしていたのである。つまり、教師たちは学生の側に立って考えていなかったから、新入生がどのような期待を持って入ってくるのかに気づいていなかったのである。…（中略）…教師の多くは教養を知識だと考えており、それを学生たちに与えるという発想にいまだに立っている。教師が学生に与えるという発想に立っている限り、教養教育は成功しないであろう。教養とは社会の中で「いかに生きるべきか」という問いを自ら考えていく姿勢を前提としている。従って現代の我が国の社会の在り方を前提として、教養論は出発せざるを得ない。（阿部二〇〇一）

また、絹川正吉が大学教育学会で、「ディシプリン中心の教育には欠如する部分がある」と指摘していたことにも共通の認識があります（絹川 二〇〇四）。教養部に代表されるような教育に責任をもつ組織や、そこで構成されるカリキュラム、個々の授業が、専攻中心に、ディシプリンのみを軸に構成され配置されるだけでは教養教育としては欠如するところがあるということ、また各専門分野の教育とは異なる役割をもつ教養教育においては、それぞれの学問を社会、人間の「生死」との関係において捉え論じること、すなわち「思想性」を必要とするという指摘でした。

こうして考えたとき、それぞれの教員が授業をしている意識の現状はどうでしょうか。かつての一般教育でも、その後の教養教育においても、それぞれの教員は皆真摯に学生と向き合って授業を担当しています。その際、「この学問の面白さを知ってほしい」、「これからの時代、複眼的思考が必要だ」、「少なくともこれぐらいは社会人の常識として理解してほしい」、「これからの時代、複眼的思考が必要だ」といった使命感に支えられています。しかし、このような授業への立ち位置だけでは教養教育の存在意義として不十分ではないか、また、学生たちの潜在的な期待に応えていないのではないかという危惧にぶち当たります。「社会人の常識として……」というのはかつての一般教育の立場であり、概ね米国流の General education に共通した意識を感じさせます。この立場の枠内では教養教育という、いわばボヤけた表現ではなく、明確に「一般教育」と呼ぶのが適切であろうと思われます。しかし、「多義化」し混乱した「教養教育」に支柱を通すとすれば、これだけでは覆い切れていない課題があるという思いがあります。上記の阿部謹也の指摘は著書『「教養」とは何か』にある次の主張に基づいています。

私は教養を次のように定義している。「教養とは、自分が社会の中でどのような位置にあり、社会のために何ができるかを知っている状態、あるいはそれを知ろうと努力している状態である」と。（阿部　一九九七）

一見常識的にも思える定義ですが、ここで阿部のいう「社会」は日本において伝統的な「世間」と対比され把握されたものであり、この定義はそこからくるきわめて動的な思想的定義です。これについては拙著（林　二〇一三）で紹介しているのでここでは繰り返すこと避けておきます。

第2節　「教養主義」の系譜

教養の本質が、社会のなかでいかに生きるかという問いにあるとするこの主張は、阿部によって突然生まれたものではなく、明治以降の日本における教養主義の系譜のなかにその種があることは確かです。わが国における教養主義の生まれとその後の変転については多くの研究報告がありますが、筒井清忠の『日本型「教養」の運命』（一九九五）が定番でしょう。また、新渡戸稲造を詳説した武田清子の『土着と背教』（一九六七）にも的確な論述があります。日清・日露戦争を経た明治の後期、経済発展に伴って金銭的利益や地位・肩書きなどが幅を利かす風潮に対して、武士道からの流れでもある道徳的な人格の完成に主眼を置いた修養主義が生まれ、そして新渡戸稲造（明治三九年一高校長）によってキリスト教的理想主義の精神を含めた教養主義が多くの学徒に強いインパクトを与えました。「修養」に代わって「教養」という語をはじめて使ったのは新渡戸に学んだ和辻哲郎であると、筒井は紹介しています。

数千年来人類が築いてきた多くの精神的な宝――芸術、哲学、宗教、歴史――によって自らを教養する。そこに一切の芽の培養があります。「尊い心情」はかくして得られるのです。全的に生きる力強さはそこから生れるのです。（筒井 一九九五（原著：和辻哲郎（一九一七年）「全ての芽を培え」『中央公論』））

「尊い心情」や「全的に生きる」といった表現は人間の理想的なあり方を美的ではありますが象徴的に示しています。筒井はこの和辻の提起を「日本における教養主義の成立宣言文であったといってもよいであろう」と述べています。明治からの国家至上主義の流れに対して、個人主義、文化主義、人道主義が生み出され、いわゆる「大正デモクラシー」を支える思潮でもあったわけです。

しかし、大正後期から昭和にかけて、教養主義には二つの対照的な流れがあります（これについては武田清子が詳述しています）。その一つは、社会実践的・政治的な傾向を嫌い、もっぱら個人の知的な関心に傾注する流れです。文学や哲学を中心に「書物を通して個人の人格を陶冶する」という人文主義的な教養主義の流れであり、阿部次郎『三太郎の日記』や和辻哲郎『古寺巡礼』などに代表されています。もう一つの流れは、「閉鎖的個人主義、あるいは知的・観照的個人主義とは異なった、社会性・実践性を課題として内在させた教養主義」（武田 一九六七）といえる潮流です。キリスト教信仰から胚芽した新渡戸稲造に発し、内村鑑三、河合栄治郎、矢内原忠雄、そして戦後の初代東京大学学長南原繁などへと受け継がれた流れです。前者と比べれば後者の方がより知識人中心のエリート文化としての特徴は強いものですが、軍国主義が次第に社会を席巻していくのに抗して、自由主義の立場を貫こうとする思想闘争の姿勢が学生層には強い影響を与えました。この学者諸氏が、軍国主義・全体主義の嵐の中でそれぞれに苦難を享受しなければならなかったことはいうまでもありません。

第1章に紹介した戦後新制大学発足における大学基準協会の「報告」には、アメリカ教育使節団の指導のみならず南原繁をはじめとするこの戦前からの教養主義の後者の流れが基礎にあることは明らかです。敗戦によりそれまでのすべてを支配していた軍国主義・全体主義に対する反省から、自由と民主主義を基調とする社会へ転換する理想が、憲法と教育基本法に反映されました。この基調の上に「報告」は「真に自由なる民主社会の建設に挺身協力する勇気と実践的能力を把持する…（中略）…人物の養成」が一般教育の目標でなければならないとしたのです。この目標は、現代の教養教育の目標であるとしてもまったく古びてはおらず、むしろ、グローバル経済が席巻し、拝金主義、競争原理や成長神話がのさばる一方で、エネルギーや資源、環境において地球的な危機に直面している現在において、いっそうその重要性が確認されなければならないものです。

しかし、上述したようにそれぞれの大学における一般教育は、このような基本目標を、組織的にも教員個々人のなかでも十分に自覚されて活性化することにはならなかったのであり、この点に真に「大衆化」されなかった原因があるということです。筒井（一九九五）や竹内洋（二〇〇三）が明らかにしているように、戦後に新制大学を中心に引き継がれた教養主義は、上記の二つのタイプの双方を含み、特に後者の社会性・実践性を基調とした流れは、戦前の反省に加えてマルクス主義、社会主義思想と科学への信頼が強い力を与えたということができるものでした。しかしエリート知識人・学生を媒体としていたいずれの教養主義も、一九七〇年代初頭からともに急速に「没落」していきました。高度経済成長と大学の大衆化の急激な流れのなかで、大衆文化と実利主義に押し流され、「絶滅危惧種」化していったのです。

このように、エリート教養主義が没落していったことは客観的な事実ですが、大学の一般（教養）教育の目標として掲げられたこと自体が、それによって時代遅れの抹香臭いものになってしまったかというと、そうではないことは確かです。問題は、そのなかにあった「自由と民主主義の社会」という課題を正面に据えた教育を、大衆化した大学においてどう実態化するのかについて、大学人が知恵をもちえなかったところにあります。すなわち、教養教育を建設的な意味において「大衆化」しえないまま今日に至っていることが現在の課題なのです。「大綱化」によって教養教育が「破壊」されたのも、「『我が国の活力』のために必要な教育」が教養教育という衣をまとって繁殖するのも、原理的・本質的な教養教育が、大衆化した大学において活性化できなかったことによっているといわねばなりません。

第3節　大衆化への道筋は？

現在、大学で取り組まれている教養教育のさまざまな工夫において、いま一つ欠落しているものがあると危惧を感じるのは、人文・社会・自然諸分野の成果を基礎にしながら組み立てているカリキュラムと授業内容が、この教養教育の基本的・原理的な目標と明確に結合し、これが学生にインパクトを与え、学生の学習要求に応え学習意欲を喚起するものとなっているかどうかという点にあります。

この危惧と関連して、識者諸氏の発言や論考で思い出されるものがあります。喜多村和之は次のように指摘していました。

（大学基準協会の「報告」では）、「人間完成を目指す人間教育の重要性」が強調されている。しかし、…（中略）…一般教育がおこなわれるならば、それによって「人間完成教育」が成就されるという論理は、自明のことではない。…（中略）…「一般教育は個々の学生が三つの学問領域のいずれについても若干の知識を獲得し、少しばかり物知りになるように配慮されているだけのこと」にすぎないというのが、むしろ実態になってしまっていたのではないだろうか。
日本の大学の多くは、大学の大衆化という量的拡大と質的多様化の問題に、真正面から向き合うことを避けてきたのではなかろうか。（喜多村　一九九九）

一九九九年のIDE『現代の高等教育』が「教養教育再考」をテーマとした特集を組みましたが、そのなかで当時の日本学術会議会長吉川弘之は、以下のように論じています。

人類の過去においては、…（中略）…教えるものと学ぶ者との間の、無前提の了解のもとに教育が行われていたといえる。教える者がいて、そこに自然に学びたい者が集まるという調和関係が成り立っていた。しかし現代においてはその調和関係が崩れつつある。…（中略）…大学進学率が45％を超え、卒業生に社会における特別な階層が準備されることでなくなった現在、教える者と学ぶ者との間の価値観の不一致、あるいは教育動機と学習動機の乖離がある。学習者の動機発見における社会的困難性である。（吉川 一九九九）

また、同じ特集でICU（国際基督教大学）の立川明が、ジョン・デューイの「人間の精神はのっぴきならぬ現実へと導かれる中で初めて成熟する」という言葉を用いて、「大学は学生を「のっぴきならぬ現実」に直面させることをとおして、彼らの精神を成熟させているのか。日本の大学は「社会生活の根深い諸問題」を真剣に検討しているだろうか」と、大学の授業の課題を指摘していました（立川 一九九九）。

いずれも、教養教育のそれぞれの科目において、学生たちを「社会生活の根深い諸問題」に向かわせているか、という点に「大衆化」の鍵を置いていると読むことができます。

しかしここでいま一つ疑問が生じます。それは、教員の意識と乖離するという学生の学ぶ動機というものが現在の学生たちにどれだけ明確にあるのだろうかという疑問です。筆者も、大きく性格（ランク）の違う大学のそれぞれで教養教育を担当し、またガイダンスなどで教養教育とは何かを説明しその意義を説いたりしてきましたが、近年ではいま一つ学生の反応には期待外れのところがあります。学生たちがどのような期待をもっているのか、彼らの学ぶ動機が不明確なのです。上記の諸先生の貴重なご指摘ですべてが明るくなると感じるわけにはいかない課題、すなわちいま一つ認識しなければならないものがあるという思いがあるのです。吉川がいう、学習者の動機発見における「社会的困難性」とは何かという問題です。

ここから、現代の学生がどうなっているのかについて、もう少し一般的に検討してみる必要性を感じています。そこで次章では、現代の青年・学生の状況をつかみとることを試みてみます。

【文　献】

阿部謹也（一九九七）『「教養」とは何か』講談社
阿部謹也（二〇〇一）「大学で教養は教育できるか」『ＩＤＥ 現代の高等教育』四二六、一七－二一
喜多村和之（一九九九）『現代の大学・高等教育―教育の制度と機能』玉川大学出版部
絹川正吉（二〇〇四）「記念講演　教養教育・大学教育の新たな創造をめざして―大学教育学会２５年の歩みから展望する」『大学教育学会誌』二六（一）、三－一二
武田清子（一九六七）『土着と背教―伝統的エトスとプロテスタント』新教出版社
竹内　洋（二〇〇三）『教養主義の没落―変わりゆくエリート学生文化』中央公論新社

立川　明（一九九九）「教養教育の展望―国際基督教大学」『ＩＤＥ 現代の高等教育』四〇七、四〇-四五
筒井清忠（一九九五）『日本型「教養」の運命―歴史社会学的考察』岩波書店
林　哲介（二〇一三）『教養教育の思想性』ナカニシヤ出版
吉川弘之（一九九九）「学問と教養教育」『ＩＤＥ 現代の高等教育』四〇七、五-一〇七

第4章　現代の学生たち

第1節　文化変動と青年・学生

現代の大学における教養教育をどのように考えるかという課題においては、学生たちの意識状況を的確に把握することが不可欠なことはいうまでもないでしょう。しかし、さまざまなところで繰り返されている議論がどれだけ学生の状況を明瞭に捉えているか、疑問を感じるところがあります。「産業社会の要請は……だから教養を……」という論調が学生の状況を認識してのものでないのはいうまでもありませんが、「市民としての基本的素養としての教養を……」というのも、あるいは「学生の期待、学びの要求に応える内容・方法を……」というのにしても、学生の意識の現状を確実に捉えたものとなっているのか疑問があります。このことが押さえられないままでは、どのような努力も、教育をする側の独りよがりの徒労になるという危惧があるのです。そこで、いま一度戦後の新制大学発足から現在に至る大学での学生の状況を、やや直観的ですが、追ってみることにします。

第1章で触れたように、筆者が京都の平凡な公立高校を経て京都大学に入学したのは一九六二

（昭和三七）年、高度経済成長期が始まったのは一九五五（昭和三〇）年ですが、まだその社会全般への影響は初歩的な時期で、ちょうどこれから理工系倍増ブームが始まるときでした。大学内ではまだ六〇年安保の余韻が強く残っており、いわばエリート層であった学生には文学・哲学・政治などを読み語る教養主義が残っていました。一般教育課程の二年間は、退屈な授業にはほとんど出なかったが、友人やサークルでの議論に明け暮れた日々が自己を形成したという実感はきわめて強くあります。一九六四年東京オリンピック、一九七〇年大阪万博を経て、一九七三年第一次オイルショックのころから、学生の雰囲気は大きく変化してきました。この間にあった学園紛争を経てのち、学生の間で政治・社会や哲学・思想を議論することが煙たがられる空気が拡がり、軽い冗談やダジャレ、麻雀、部活への没入、そして三回生になれば専門の勉強をつつがなくこなして首尾よく就職していく。工学部、経済学部などをはじめとして、教養主義に代わって実利主義が席巻するという印象を強く受ける状況になりました。

筆者が身の回りで触れ感じた学生の状況より、いっそう幅広く子どもたちや青年・若者の変化を、文化環境の変動という視点から的確に捉えている中西新太郎の論考があります（中西 二〇〇四）。しばらく、中西の捉え方に沿って特徴を追ってみることにします（個々の引用を断りなく使わせていただくことをお許し願います）。

中西は、若者をとりまく二段階の文化変動として、一九七三（昭和四八）年と一九九八（平成一〇）年を捉えています。前者はちょうど筆者が経験した学生の変化期と一致しています。戦後復興期の二〇年の後、高度経済成長期からオイルショックを経て、一九九一（平成三）年のバブル崩壊に至るまでの「安定成長期」への転換点です。この一九七三年という転換期における子供の成長環境の変化は、それまでの「家庭・地域と学校を往復しながら育つ」という状況から、その狭間に新たに巨大な消費文化が入り込むという変化に特徴づけられるということです。マクドナルドから始まったファストフードチェーン店の出現、八〇年代に入るとコンビニエンス・ストアの急速な増殖があります。少年マガジン、少年サンデーなどの週刊漫画誌が学校教科書と同じぐらいの量で普及・浸透していった。インヴェーダ・ゲームにはじまり、やはり八〇年代はじめからファミリー・コンピュータが拡がった。子どもたちの文化環境には、それまでの学校・家庭の二元的要素の間に、教師や親とは一定隔絶した時空間が生まれた。これらの消費文化の洪水のなかで、多少のお小遣いが与えられれば子供たちが自分の好みで浸ることのできる「自由」が発生し、種々の新しい文化情報を知り操作できることで、子どもたちはその世界での存在権をもつことになったというわけです。これによって、それまでには学校・家庭・地域で自然に慣習的に育まれた社会意識に希薄化が生じました。子供たちは、学校からも親たちからも教えられない新たな「教養」の世界を形成し、大人社会との間にコミュニケーション・ギャップが生じてきました。

このように捉えた変化は筆者にも手に取るように実感できます。自身の小・中学生のころ、学校から帰ってからといえば友達と近所で遊ぶ、夏には学校のプール行く、虫捕りをする、中学生では真空管ラジオのキットを買ってもらって組み立てる……。漫画といえばサザエさんからはじまり、せいぜい手塚治虫、白戸三平でした。このような文化環境が変化したことを実感したのは大学を卒業してまもなくでした。そのころになると大学の大概のクラブボックスでも、少年マガジン、サンデータが散乱しているようになっていました。このような新たな文化環境のなかで、子どもたちや青年は親世代とは異質な付き合いの世界を形成しました。自分の好きな文化商品を選び、そのときどきの嗜好に沿って心地よい日常に浸ることができる。そして気の合う仲間の間のゆるいつき合いのなかに安心していて、「社会」から遊離した成長環境を過ごすわけです。しかしまだこのころには、高校や大学を卒業するとそれぞれに見合った就職によって社会に出ていくことが概ね保障されているので、その彼らに片方で占めていたのは、できるだけよい就職へという実利的な意識でした。戦後育ち世代が社会を主導する時期に、「新人類」と呼ばれたのもこのような特徴でした。

第2節　若者の「個人化」

中西が第二の転換点とする一九九八（平成一〇）年は、第2章で述べた一九九五（平成七）年からの変化のいわば文化版に相当しています。バブル崩壊から始まった長期不況による日本型企業社会の安定構造の瓦解は労働環境の激変をもたらし、著しい就職難、不安定雇用の激増を生みました。一方、一九九二年以来大学進学率の急激な増大のなかで、46答申以来一貫していた教育政策の特徴である「個性化・多様化」は、中・高・大の各レベルでの偏差値による輪切り、振り分け、格差づけを鮮明にし固定化していきました。できる子とできない子、上位学校と下位学校の峻別、理系、文系それぞれでの進学クラスと普通クラスの峻別が中・高を通して貫徹されてきました。そしてこの時期、とりわけ高卒就職の激減によって、それまで高卒就職が普通であった生徒にとって高校に在学する意欲の著しい低下が、とりわけ低位の学校で激しくなりました。親世代が自分たちの経験を延長して抱く期待とは隔絶した将来の希望感の喪失があり、家族や学校を通して生まれる「社会の一員」という実感の自然な成長は衰弱していきます。中西はこのような子どもたちの社会的・政治的に疎外された状態を「社会的縁辺化」と呼んでいます。

このような社会的・経済的変動と同期して、子どもたちをとりまく文化環境にも質的な変化があることを指摘しています。それは、消費文化材の多様化、サブカルチャー化であるということです。七〇-八〇年代の消費文化は、たとえば漫画週刊誌にしてもゲームにしても、一定の共通性、トレンドがありました。若い人たちに「流行っている」ものという性格があったのです。それがこの期になると変化し、より深層のところで、きわめて多様に分散し、それぞれのなかでは特殊化し専門化した内容、「こだわり文化」と呼ぶべき性格へと変化したということです。漫画にしてもゲームにしても、またとりわけ音楽の分野では著しく、特定のジャンルや作者・演奏者などに「はまる」。同じ世界を小さな集団・グループで共有し、そのなかではきわめて専門的になる。一九八〇年代半ばから、PCやビデオデッキなど個人向けのメディア機器が洪水のように売りだされた状況もこの傾向に一役買いました。そしてこれらに続いて携帯、二〇一〇年代からはスマートフォンの普及によって、仲間のつながりがSNSを介するようになると、直接顔を合わせる必要もなく地域的つながりもないところにまで広がる。そして特定の世界の内では互いにぶつかり合うことはなく（避け）尊重し合う空間が形成され、その世界での自己の存在には自信をもっているのです。個々人は自分なりの専門化した世界をもっていることによって、他者に対して劣等感を感じなくてすみ、お互いに違うことを認め合い干渉しないことによって、穏やかな関係が維持されるのです。ここにみられるのは徹底した「個人化」の進行です。そしてこのような変化は、産業・商業界が国内での大量生産・大量消費の時代を終え、サービス業中心に移行し、量産ではないが多様でそれぞれにこだわりのある小さな商品によって文化需要を絶えず再生産していかざるを得ないという流れに対応するものです。そして若い人たちはそれぞれが何かに「はまる」ことによって現実の困難に面と向かう時間を遠ざけるという傾向が生まれるのです。このような消費文化環境、子どもや青年たちのふところ事情をほどよく測りながら彼らの新しいものへの嗜好に媚びて生み出す消費文化が、生徒たちの学校外での毎日の時間の大部分を覆う結果、彼らの「社会化」は著しく貧弱になり「個人化」が徹底するということです。しかし、それも高校卒業を迎えるとともに、眼前の競争秩序社会を前にして、そこからはなんとかして生きていかなければならない現実に直面することになります。中西は「現代日本の青年が、現実の上でも意識の上でも、社会からひどく切り離された存在、社会的にきわめて無力な現実と、消費個人主義の自由とを同時に経験しながら生きる状況、青少年に公共社会の構成員であることを徹底的に断念させ忌避させる点で日本社会は際立った特質」をもっていると指摘しています（中西 二〇〇四）。

古市憲寿もまた同様の把握をしています。「一九九〇年代から起こった「若者の貧困」や「格差問題」、福祉というセキュリティを整備せずにフレキシビリティだけをたかめた状態」のなかで「若者の軽視や労働市場からの排除によって生じた屈辱をサブカルチャーによって埋め合わせようとしている」（古市 二〇一〇）。「多くの人が日常に閉塞感を感じると同時に、そこから出口を探している。

この何かをしたいという「ムラムラ」する気持ちを抱えながら、実際には決まったメンバーと同じような話を毎日繰り返し「村々」している」(古市二〇一〇)と表現しています。

古市が二〇一一年に書いた『絶望の国の幸福な若者たち』もまた、いわば衝撃的な「若者」の現状を描いています。二〇一〇年の内閣府の「国民生活に関する世論調査」によると、二〇歳代の七〇・五パーセントが現在の生活に「満足」していると答えており、格差社会や世代間格差といわれながら、日本の若者の七割が今の生活に満足しているというのです。この現代の若者の生活満足度や幸福度はここ四〇年間で最も高いとのことです。一九七〇年代以来当たり前とされていた「いい学校、いい会社、いい人生」モデルが一九九一年のバブル崩壊以後崩れ、大企業は、年功序列、終身雇用の日本型経営を提供できなくなりました。そういう中流の夢が崩壊した時代に今の若者は生きているにもかかわらず、若者の「満足度、幸福度」がきわめて高いというのです。ただし、データによれば生活満足は二〇〇〇年以降きわだって高いが、同じ調査で「日ごろの生活の中で、悩みや不安を感じているか」という問いに対しては、二〇代の六三・一パーセントが悩みや不安を感じているといいます。これもまた一九九〇年の四〇パーセント程度から連続的に増加しています。また、日本青少年研究所が二〇〇〇年に実施した国際比較調査では、「21世紀は人類にとって希望に満ちた社会になるだろう」という考えに対して、日本の若者の六二・一%が「そう思わない」と答えていて、他国に比べて異常に絶望的な数値だということを紹介しています。また「自国の社会に満足していますか」という「大きな」ことに対する満足度は「生活満足度」という「小さな」ことに比べてずっと悪い数値を示すというものです。このような一見意外とも思われるデータについて、古市は、大澤真幸の推論を紹介しています。

人が「今は不幸だ」、「今は生活に満足していない」と答えるのは「今は不幸だけれど、将来はより幸せになれるだろう」と考える時だ。将来の可能性が残されている人や、これからの人生に「希望」がある人にとって、「今は不幸」だといってても自分を否定したことにはならないからだ。つまり、人はもはや将来に希望を描けないときに「今は幸せだ」、「今の生活は満足だ」と回答する。

高度成長期やバブル期に生活満足度が低かったのは、若者が「今日よりも明日がよくなる」と信じることができた、自分の生活がどんどん良くなるという希望があった。だから「今は不幸」ということができた。現在は「社会」といった「大きな世界」には不満があるけれど、自分たちの「小さな世界」には満足しているのである。

この大澤の推論に基づいて、古市は次のように評しています。

まるでムラに住む人のように、「仲間」がいる「小さな世界」で日常を送る若者たち。これこそが現代に生きる若者たちが幸せな理由の本質である。

彼らが自分たちの幸せを測る物差しにするのが、自分と同じ「小さな世界」に属する「仲間」だとすれば、「仲間」以外の世界がどんな状況になっていようと関係がない（古市 二〇一一）。

このような現状認識は先の中西による「社会的縁辺化」、「個人化」と等質です。二〇〇五（平成一七）年に、厚労省のもとに「若者の人間力を高めるための国民会議」というものが置かれました。その議長は日経連会長でした。この会議が出した「国民宣言」の冒頭では次のように述べられています。

社会のなかで人と交流、協力し、自立した一人の人間として力強く生きるための総合的な力である人間力は、家庭、学校、職場、地域社会といった場を通じて形作られるものですが、我が国の社会が大きく転換している今、若者を巡る様々な問題が、それぞれの場で生じています。これらの問題の解決には、若者自らの自覚と努力も求められるところですが、若者が生きる自信を持ち、能力を高め、いきいきと活躍できる社会を目指し、経済界、労働界、教育界、マスメディア、地域社会、政府が一体となって、若者の人間力を高める国民運動を推進することとし……（後略）。

政府や経済界も現状に危機意識をもち、これが「人間力」という精神論を生み出していることがわかります。

中西の論考の主な対象は、高偏差値大学に進学する成績のよい生徒、「勝ち組」の生徒たちよりも、どちらかというと下層の生徒、「負け組」の生徒たちの環境と意識、そこから時には社会問題化するさまざまな行為・事象に置かれていますが、大学に進学する学生たちにおいても、このような文化環境の影響を把握しておくことが、とりわけ教養教育を考える場合に不可欠であると思います。競争率が二－三倍程度以上の上・中位クラスの大学の学生たちの多くは、今ではほとんどいわゆる進学校とされる高校、あるいはそうでなくても学校内では進学クラスの生徒たちであり、また平均的には経済的レベルや文化的レベルの高い家庭の子供たちです。それだけにまだ先述したような家庭・学校の間に横たわった巨大な消費文化へのはまり方には軽い面があり、受験勉強を中心に頑張っていて、漠然と将来への希望をつないでいます。彼らは傍らの、利那的な消費文化にはまる「できない子」たちや運動部の部活に全エネルギーを注ぎ込む生徒たちを横目で見ながら、自分たちは目標を設定しているという自負があります。しかし、それはとりあえず目指すことにした大学へ首尾よく合格するという目標に尽きていて、それもまたいわば「個人化」の一形態に過ぎないといえるのです。

　近年は、一八歳人口の減少と大学乱立による経営難から、ＡＯ入試などによって、学力に関わりなくきてくれる生徒をできるだけ受け入れざるをえない下位大学では、高校までに培われているべき学習習慣がほとんどできていない学生たちもいます。高卒では劣悪な条件のアルバイトぐらいしかなく、しかたなく親の勧めもあって大学にきたという学生も少なくない。このような学生たちには、それまでの消費文化のなかでの成長の慣性はいっそう色濃く残っています。そして大多数の学生たちにとって次の「憂鬱」は卒業後の就職です。景気の動向によって激しく振れる就職戦線、さらに、会社面接では単に卒業大学のランクや学習成績などではなく、「人格」、「キャラ」、いわば表にみえない生い立ちそのものを覗きこまれる。そこからくる言い難い不安、目標・展望を想い描いてみてもそれがどう実現するか道筋がみえない「閉塞感」が就活につきまとっているという状況です。

大学のレベルによらず、近年の傾向として感じるのはスポーツ系クラブ活動の盛況ぶりです。もちろん旧制の大学以来、スポーツ系クラブの活発な活動は伝統的であり、これが近年の特徴と一般的にいうのは適当ではないかもしれません。しかし最近では、教室に来て居眠りする学生の顔つきからは、部活で汗まみれになっている時間だけは「他に何も考えなくてもすむ」という特有の「重さ」が感じられます。ここにもまた学生たちの背中に「閉塞感」がへばりついている状況がみえるのです。

第3節　「社会化」という課題

筆者が前節でみてきたような学生たちの「個人化」を実感したのは、二つの大学で最近に行った授業の経験です。入試競争率が三倍を超える公立系大学と、学生集めに苦労している私大の両方で教養教育の授業を担当していました。この二つの大学の学生の雰囲気がだいぶ違うことは想像がつくでしょう。その二つの大学で同じ科学や思想の歴史を内容にした科目を担当しました。自然科学に限定せず、哲学や思想、社会科学の生まれなどにも触れて、現代を考えることをテーマにしました。この授業で一度「自由」をどう考えるかについて議論したことがあります。ジョン・ロック

（Locke, J.）に始まるヨーロッパ啓蒙思想においては、人間の「生得的な自由」の概念が理想主義的な立場をもって登場しましたが、人間個々人の「自然的で絶対的な自由」と社会的倫理性との関係、その間の矛盾について、授業では、ベンサムの功利主義、これと対極にあるカントの「道徳論」、そして現代のリベラリズムや新自由主義などを紹介したうえで、学生たちに「自由」をどう考えるか討論を促しました。学生たちの議論の特徴は、だいたいにおいてこれらおよそ四つの立場のうち、どれが一番妥当かという比較論に終始しました。「最大多数の最大幸福」という判断基準を設定する功利主義が、少数者の人権の否定、個人の権利・尊厳をないがしろにすることを含むために了解できないという意見は多数でした。一方、「行為選択の結果の良し悪しではなく、行為の意図における倫理性が判断の基準でなければならない」とするカントの道徳論に基づく自由の捉え方に、心情的に同意するところがあっても、絶対的な「善」というものがはたして現実的かという疑問から、論理が貫徹しないため、自信をもって主張する学生は多くありませんでした。そして新自由主義の立場をよしとする少数の学生の他は、過半の学生たちの意見（意見というほど明確にはならないが、他に考えられないといったところの意見）は、「人に迷惑をかけない限り、あるいは法に触れない限り、何をしてもよい。自分のしたいことをする自由」という、現代のリベラリズムに沿ったものでした。しかしこれも、たとえば「援助交際は自由か」と問いを投げかければ、判断は揺らぎ、よしとする者と、道徳的判断も必要とする者に分かれました。このような学生たちの反応、その分布のしかたは、二つのかなり学力レベルの異なる大学の学生たちでそれほど大きな差はありませんでした。

この授業でみられた学生たちの特徴はやはり「個人化」です。「自由」という問題を考えるという課題を与えられたとき、彼らの大多数の意識にあったのは個人としての自分でしかありません。社会の現状を所与のものとして、そのなかにいる自分個人にとっての「自由」を肯定するという枠組みの内部にいるのです。その結果、個々人が何を「自由」と感じるか、何を「善・正義」と思うか、何を「幸福」と感じるかは、人それぞれのもの、相対的なものでしかないという受け止め方が主流です。ロック以来の「自由」の概念が、経済産業活動の発展に伴って生まれてきたブルジョワジーの要求を支える思想として誕生したのであり、それゆえに倫理性との間で矛盾・葛藤を伴うものであるのですが、現代の学生たちの理解もこの枠内に閉じ込められているというのが現実です。いや、とりわけ一九九五年以降の社会変化のなかで、所与の社会の現状から次の社会の姿が感じられない、描けない閉塞感が「個人化」を強めているというのがより真実であるのかもしれません。ここで、「自由」のあるべき捉え方を論じることはしませんが、少なくとも「個人」と「社会」を対立物として感じとり、「社会」を動かしがたい所与のものとした感覚で「自由」を考える状況からどう脱皮し発展させるかが課題であることは確かであろうと思います。

学生たちの状況をこのようにみたとき、現代の教養教育が果たさなければならない課題の焦点がみえてくるように思われます。この点で以前、大学教育学会でのシンポジウム「学士課程における教養教育のあり方」で関根秀和（大阪女学院大学）がまとめとした発言が思い出されます。

我が国の労働市場は中核的な取り組みに対応する労働と、これに対する周辺的な労働に分極した。この構造によって周辺的労働は就業上の安定性と労働に対する社会的意味を喪失することになり、「労働」が社会的文脈の中でその意味を捉え難くなっていく状況で、「やりたいこと」という私的「思い」への傾斜が若い世代の中に次々に発生している。…（中略）…

生きることを目指す、生きる意味を捉える、生きる支えを見出す、ことにおいて、学生一人ひとりが、まず自己の固有の存在価値を覚醒し、次にその自己が社会的文脈において関係的存在であることに目覚め、その故に「やりたいこと」という私的「思い」に収斂することから離れて「働く使命に立つ存在」としての自覚に至ることが、現代的な意味において教養教育の基底的課題であるということができよう。（関根二〇一〇）

しかし、中西の次の警告は、課題のありかを最も明確にしているように思われます。


若者の政治的無関心という通念は、若者たちの性向に帰せられるのではなく、むしろ政治的閉塞状況に置かれた若者たちの現実を彼らの性向の問題に転倒して捉える錯誤というべきではないか。そしてこの政治的に鈍感であってほしいという支配権力の要求・願望が強く作用していることもみのがしてはならない。…（中略）…

現代日本の若者がおかれているのは、こうして文化的洗練が政治的未熟と不可分に結びつけられているような構造を媒介として政治的表明の可能性が現実的にも心理的にも極めて狭い範囲内に押し込められてしまう事態に他ならない。…（中略）…

若者の政治的無関心を言い立てること自体、つまるところ社会の政治的陶冶機能が失われている事実の表明に他ならない。教育等を通じて「よき市民」として社会的に行動できる能力を陶冶するという理想は建前として空洞化している。（中西 二〇一一）

このことを認識したうえで、学生たちを覆っている社会からの離脱、「個人化」に対して、その社会化に向けて、彼らを「のっぴきならぬ現実に向かわせ」、自分たちのあり方、将来の社会のあり方を検討する、この作業によって教室が活性化すること――これが教養教育に課せられていることであるといえるのではないかと思います。

【文　献】

関根秀和（二〇一〇）「シンポジウム「学士課程における教養教育のあり方」をめぐって―「学士課程教育」以前」『大学教育学会誌』三二（二）、三二-三三

中西新太郎（二〇〇四）『若者たちに何が起っているのか』花伝社

中西新太郎（二〇一一）「アンダークラスでもなく国民でもなく―若者の政治的身体」小谷　敏・土井隆義・芳賀　学・浅野智彦［編］『「若者の現在」政治』日本図書センター、三〇九-三四一頁

古市憲寿（二〇一〇）『希望難民ご一行様―ピースボートと「承認の共同体」幻想』光文社

古市憲寿（二〇一一）『絶望の国の幸福な若者たち』講談社

第5章 「市民性」について

第1節 学術会議の提言

前章でみた若者の「個人化・非社会化」という問題は、「社会に貢献していく総合的な知力ある人材の育成」という教養教育の課題に関わるものであることは確かでしょう。「社会に貢献していく」というい方には、「産業社会のために」というニュアンスが感じられてあまり好きではありませんが、先に紹介した中央教育審議会の『将来像答申』で「幅広い教養を身につけ、高い公共性・倫理性を保持しつつ、時代の変化に合わせて積極的に社会を支え、あるいは社会を改善していく資質を有する人材、すなわち「21世紀型市民」を多数育成していかなければならない」と述べているのと同じ文脈があるといえます。「21世紀型」という形容がつくのにはどんな意味があるのか明確ではありませんが、答申の脈絡からは、今世紀に入ってのグローバル化を軸とした経済社会の変動に対して、「我が国の活力」という産業界の期待から発した形容といえるでしょう。しかし、このような形容の背景にある意識を捨象すれば、ここで述べている社会への能動的な参加という期待に正面から異を唱えたくなるような違和感はありません。「多数育成していく」というよりは、すべての人々が民主主義社会を支える一員であることを自然に自覚しこれにふさわしい理解をもつことが期待されるのは、日本に限らず普遍性のある課題です。人々が民主主義社会の発展を支え、この基本的な立場を理解し行動指針とすることは、戦後の新制大学発足時に大学基準協会が示した一般教育の方針以来一貫してきたことであり、教養教育の目的を性格づけるものです。

この点で、これまで繰り返し出されてきた教育審議会などの諸答申に比べてかなり明瞭な社会的立場を示したものとして、日本学術会議の提言があります。二〇〇八（平成二〇）年の中央教育審議会答申『学士課程教育の構築に向けて』を受けて、文部科学省は日本学術会議に対して「大学教育の分野別質保証の在り方について」の審議を依頼しました。医学、工学、経済学など、諸専門分野ごとに大学教育の質を保証するための「参照基準」の検討を依頼したものです。そして教養教育も、各専門分野とはやや異質ですが、検討対象の一つとなりました。これに併せて学術会議は独自に「日本の展望委員会」を組織し『日本の展望―学術会議からの提言２０１０』を作成しました。教養教育については、この提言の一部として「提言―21世紀の教養と教養教育」をまとめました。また併せて「大学教育の分野別質保証の在り方検討委員会」のもとに設置した「教養教育・共通教育検討分科会」が「学士課程の教養教育の在り方について」（回答）を作成しました。

この「提言」では、二〇世紀半ば以降、科学技術・経済の発展がもたらした環境や生態系の破壊などの危機や、人々の「豊かさ」や自由・人権の追求などによって引き起こされた、近代以来の急速な社会変動に直面して、近代を支えてきた思想に対する懐疑が生まれていると指摘しました。そして価値と倫理の再編・再構築が迫られているという認識に基づいて、次のように述べています。

自己中心・自国中心・強者中心の生き方・考え方や社会の在り方ではなく、多様性と自他の違いを認め尊重しつつ、相互信頼と連帯・協働の輪を拡げていくことのできる生き方・考え方と社会の在り方を求めている。この求めに応えうる倫理の再構築とその倫理に裏打ちされた教養の形成を図っていくことが重要である。（日本の展望委員会 二〇一〇）

これと比べると、先にみた経済界の諸提言の底流には「自己中心・自国中心・強者中心」の要請が強く感じられ、この「提言」にはこれらとは異なる立ち位置を読み取ることができます。そして、「21世紀に期待される教養」について次のように述べています。

現代世界が経験している諸変化の特性を理解し、突きつけられている問題や課題について考え探究し、それらの問題や課題の解明・解決に取り組んでいくことのできる知性・智恵・実践的能力であると言ってよいであろう。その多面的・重層的な知性・知恵・能力を、学問知、技法知、実践知という三つの知と市民的教養を核とするものとして捉える。（日本の展望委員会 二〇一〇）

そしてここでいう「市民的教養」というのは、①集合的意思決定過程（政治）への参加（市民的公共性）、②課題の協力・協働による解決への参加（社会的公共性）、③すべての社会成員の尊厳が尊重される、人間の生存権に関わる公共性（本源的公共性）の「三つの公共性」の担い手となりうるものであるとしたうえで、「「市民的教養」はこの三つの公共性についての理解を深め、その実現に向けた様々な活動やプロジェクトに参加し、連帯・協働していく素養と構えを指す」としました（日本の展望委員会二〇一〇）。この「21世紀に期待される教養」とこれに含まれる「市民的教養」の捉え方が万全なものかというと、必ずしも絶対的であるとは思いませんが、もう一つの「回答」のなかでの記述にはわかりやすい説明があります。

単に茫漠とした「教養」や、あるいは純然たる準備教育ではなく、市民教育という理念が原点にあることが改めて認識されることは重要である。（日本学術会議二〇一〇）

このように「幅広い基礎の修得」という「なんでもあり」に対して「市民教育の理念」を強調したうえで、次のようにも述べています。

現代社会にふさわしい「市民的教養」の中核に位置するものとして、グローバリゼーションに伴う産業構造の変化や、メディアの変貌による世界的な規模での社会の変動への対応力ということが挙げられることが多い。しかしここで考えてみるべきことは、「対応力」という概念が、個々人による現状への「適応能力」ということにのみ還元されてはならないということである。…（中略）…しかしこれのみでは、無自覚に現状を追認し、そこでの自らの利益の最大化のみを追求するような利己的な人間像をも許容することになってしまう。…（中略）…現状とは多数のオルタナティブがあり得た中の一つの現実態にすぎず、従って、現状に問題があれば、未来においてそれは作り変えられるものであるという想像力、構想力を持つことが、ここで言う「対応力」でなければならない。そして、過去を学ぶことによって、あり得た現在を想像し、現在を深く知ることによって、あり得べき未来を構想する力を育成することが、現代の教養教育の課題であるということになるだろう。（日本学術会議 二〇一〇）

この記述には産業界からの要請の狭隘さに対する批判を読み取ることができます。そして、以下の問いをなげかけています。

「市民社会」を、社会の公共的課題に対して立場や背景の異なる他者と連帯しつつ取り組む姿勢と行動としての「市民性」を備えた人々による社会と定義した場合、日本はその担い手の育成に成功しているとは言えないのではないだろうか。（日本学術会議 二〇一〇）

この「提言」、「回答」は学術会議の見識として、文科省・中教審などの答申のベクトルとは異なる「市民的教養」の思想を提示したものです。

第2節　民主主義の理解

民主主義社会を支える市民としての「素養と構え」を育むこと、これが現代の教養教育の中核であるということを、先の学術会議の提言などから読み取ることができます。このような課題を考えるとき、ここで提起されている、あるいは求められているものが、学生・若者たちに本当に実感できる、共感できるものかということが気がかりになります。彼らにとって共感できるものでなければ、その教育は押しつけられる道徳教育と違わないものでしかありません。そしてこのことから、次の二つの基本的な問題が意識にのぼってきます。すなわち、①民主主義というものの本質的な理解の問題と、さらに、②民主主義社会の発展を希求する動機、すなわちこれを求める必然性の問題です。ここではまず①の問題を検討しておきます。

阿部謹也は、ＩＤＥの特集「大学の教養教育とは？」のなかで民主主義にふれ次のように指摘しています。

> 民主主義や自由・平等などの戦後の理念が、現在は空洞化している。我が国では法律の中に民主主義の規範がありさえすれば、民主主義が実現していると多くの人が考えているように見える。そのために、「民主主義とはなにか」という原理的な疑問が提起されず、皆がわかったつもりになっている。しかし、…（中略）…民主主義は容易に覆されかねない状況なのである。
> （阿部 二〇〇一）

また、阿部のこの指摘には丸山眞男に共通の認識を見いだすことができます。

西欧やアメリカの知的世界で、今日でも民主主義の基本的理念とか、民主主義の基礎づけとか、ほとんど何百年以来のテーマが繰り返し「問わ」れ、真正面から議論されている状況は、戦後数年で、「民主主義」が「もう分かっているよ」という雰囲気であしらわれる日本と、驚くべき対照をなしている。（丸山 一九六一）

民主主義というものは、人民が制度の自己目的化――物神化――を不断に警戒し、制度の働き方を絶えず監視し批判する姿勢によってはじめて生きたものになり得る。不断の民主化によって辛うじて民主主義でありうるような、そうした性格を本質的に持っている。（丸山 一九六一）

このように阿部は丸山に共通の認識に基づいて、民主主義の性格と現在の日本における私たちの漠然とした受け止め方の問題を鋭く指摘しているのです。

ところで、ここで「不断の民主化によってかろうじて民主主義であり得るような、そうした性格を本質的に持っている」と指摘されている「民主主義」を私たちはどこまで理解しているでしょうか。小選挙区制によって民意分布が的確に反映されない現今の政治状況のように、形式化した「代議制」を私たちが常識と思い込んでいるうちに、民主主義の空洞化・陳腐化が進行している事態だという指摘だと理解しなければならないのでしょう。民主主義を私たちはどこまで理解しているか、それはどういう性格をもつものなのかをあらためて問い直してみることが必要であるようです。少なくとも戦後社会にいる私たちは、平等な権利をもち、自由であり、議会制民主主義の建前があって物事が多数決に従って決められている、そういう状況を民主主義だと思っています。しかし、そこで「不断の民主化」を意識して政治社会に参加しているかというと、せいぜい選挙があると投票に行く程度であり、きわめて受動的に与えられた枠に収まっている、そのなかで普段は適当に勝手に振る舞っているだけで、それが当たり前だと思っています。政治に参加する権利はあっても、実際に参加しているという実感は弱く、自分にとって特に困ることがなくとりあえず普通に生活ができる以上にたいして期待もしていない、このような状態を「民主主義の空洞化」（阿部 二〇〇一）というのであれば確かにそのとおりだと思います。

この点についていま一度、先に紹介した学術会議の「回答」のなかにヒントがみられます。「回答」では、「市民性」とは何なのかについて、「西欧文明の理念とも言うべきもの」として、①言論と行動、そしてその自律を尊ぶ精神、②誰からも支配されず誰をも支配しない、他者との対等な関係、③動機における個人的な利害からの自由、の三点があると述べ、参考文献としてハンナ・アレント（Arendt, H.）『人間の条件』（一九九四）をあげています。この①と②は民主主義の基本として当然のことと納得できるものですが、③は、普段はあまり意識していないかもしれないこととして特に注目したい点であり、アレントが参考にあげられているのも主にこの点についてだと思われます。

第3節　アレントとデモクラシー

著名な政治哲学者であるアレントについての論評や解説は数多く出版されていて（たとえば、仲正二〇〇九など）、素人の私が解説する立場ではありませんが、この③にかかわる論点について少し触れておくことにします。

アレントの主著『人間の条件』は、古代ギリシャの都市アテネにおけるデモクラシーの構造と性格の分析に基づいて、生物一般と区別される人間の特性を哲学的に論じたものです。アレントの多くの著作のなかでもやや難解なもので、素人の筆者が適切に紹介することは容易ではありませんが、要点だけを拾ってみることにします。

アレントは人間の「活動的生活」として「労働」、「仕事」と「活動」という三つの区分を提起します。「労働」は「人間の肉体の生物学的過程に対応する活動力である」とします。生物一般と同じく、自らの生命を維持するため、生きるため、子孫を残すために消費する必要物を手に入れる働きを指します。その意味で最も原始的な働きです。「仕事」は、たんに生命が日常的に消費する必要物の取得だけでなく、自然環境を利用しこれに手を加えて「人工物」をつくる働きとして「労働」と区別します。家や道具をはじめさまざまな人工的環境をつくる作業、有用性を生み出す働きであり、これは個々の生命のその場その場の維持のレベルを超えて一定の永続性、耐久性をもつ「世界」をつくる働きであるとします。私たちの普通の感覚ではこの「労働」と「仕事」の区別はあまり意識せず、生産や経済活動の全般（広い意味での労働）を指していると受け止めています。このような二つの区分の妥当性やあるいはマルクスの「労働」との相違などについて、ここでは特に検討する必要はないので、紹介だけにとどめておきます。これに対して「活動」は「物あるいは事柄の介入なしに直接人と人との間で行われる唯一の活動力であり、多数性という人間の条件、すなわち、地球上に生き世界に住むのが一人の人間ではなく、多数の人間であるという事実に対応している」活動力であると説明します（アレント 一九九四）。そしてこの「活動」が何よりも生物一般と区別される人間の特質、「条件」であるとします。古代都市・ポリスにおける人々の生活では、この「労働」および「仕事」に対して「活動」が明確に区別されていました。生命を維持し家族の生活を維持するための「労働」、「仕事」という働きは各家、家族、一族の内部、それぞれの「私的領域」に閉じていて、ほとんどは奴隷と女性や子どもによって賄われていました。そして成人男子の家長のみがこれらの「生命維持の必要」から離れて「公的領域」での「活動」に専念したのです。都市国家の成立は、人々の私的生活の他にこの「政治的生活が生まれたこと」を意味すると説明しています。ポリスにおけるデモクラシーはこのような「活動」によって特徴づけられ、そこでは暴力をいっさい伴わず、多様で個性をもつ個々人による言論、説得の活動によってポリスの運営が行われたというのです。

実際にアテネのポリス社会の実態、内実がどのようなものであったのか、そこでの政治「活動」の内容がどのようなものであったのか、包括的に理解するのは簡単ではありません。生命を維持し家を存続させるという「必要」を超越して、多数の市民のなかでひたすら言論によって「善く生きる」こととは何かを論じ実践することを通して、ポリスのルール、常識、習慣、道徳、あるいは社会の将来像といったものが形成される。すなわち「歴史」が形成されるということであろうと想像されます。アレントは「公的領域そのものに他ならないポリスは、激しい競争精神に満たされていて、どんな人でも自分を常に他人と区別しなければならず、ユニークな偉業や成績によって、自分を万人の中の最良の者であることを示さなければならなかった」と説明しています（アレント 一九九四）。あらゆる事柄についてより明快で一般的で人々を納得させることができる論を示すことができる論理的な力、指導性を競うことが、主人となる男子たちの「活動」であったということです。ポリスにおいて弁論術が重要な技術として重視され、ソフィストが職業的教師として活動したのはこの状況に対応していると思われます。

この「私的領域」と「公的領域」というアレントの明確な区分には、いささか形而上学的な感がありますが、このように分析される社会状況は古代都市のごく一定の時期に限られていたものです。やがて「私的領域」における生活に必要な働きは、経済活動の発達・拡大によって領域の境界を超え、「公的領域」との区分を曖昧なものにしていきます。それをアレントは「社会的領域」の出現と呼びます。「社会」は「家族」の集団が経済的に組織されたものとして現れ、やがてその政治的な組織形態は「国家」を形成することになります。アレントによれば「私的なものでもなく公的なものでもない社会的領域の出現は、比較的新しい現象であって、その起源は近代の出現と時を同じくし、その政治形態は国民国家に見られる」としていますが、組織形態として明確になる以前でも「家族」における経済活動が公的領域に影響を及ぼし、これが集団的な関心になり政治に影響を与えるようになる、家々の経済活動の間の相互作用が私的領域の境界を超えて広がっていく、このあいまいさの過程は、西欧古代後期から中世を経て近世にいたる長い期間にわたる変化として理解するのが自然でしょう。歴史教科書によれば、ソクラテス、プラトンに代表されるアテネの「社会哲学」の起こりは、ポリス・デモクラシーの衰退期であると説明されています。実際、ペロポネス戦争（B.C. 431–404）を含むアテネ後期は民主政から次第に僭主政に変質していく過程でした。独立した市民個々人の平等で活発な言論に基づく活動から、やがて経済的にも政治的にも精神的にも力の強い者が影響力を拡大し、これに伴って強者に従う者のなかに生じる「思考停止」が僭主政を孕むという変化が進みます。死刑判決を受けた裁判においてソクラテスの、「できる限りの多量の蓄財や、また名聞や栄誉のことのみを念じて、かえって、智見や真理やまた自分の霊魂をでき得る限り善くすることなどについては、少しも気にかけず、心を用いもせぬことを、君は恥辱と思わないのか」（プラトン 一九二七）という主張からは、「公的領域」の、すなわちデモクラシーの衰退に対する告発が語られていることが読み取れます。

アレントは、人間を特徴づける働きを哲学的に分析する作業を行っているわけですが、そのなかで古代都市アテネの一定の時期に実現していた社会状況での「活動」を、デモクラシーのいわばプロトタイプとして捉えていると読み取ることができます。すなわち、生命を維持する私的な必要から発した経済的活動とは截然と区分して、人々が対等・自由に、何が正しく何が善きことか、人々の関係はどうあるべきかを議論し、いっさいの暴力を用いずに指導性を発揮しようと競い合うという活動が、デモクラシーの基本をなすという理解です。しかし、その限られた一時期を過ぎて、経済的働きが公的領域に広がり「社会的領域」が出現してきた結果、人々はできるだけ多くの富を獲得しようとする競争に駆られることになり、国家のシステムは、経済競争のなかで人々の相互の利害を調整するために機能しなければならなくなったわけです。政治の動きが自分の利益になるかどうかということだけが人々にとって重要になり、どういう世界をつくっていくのが「善きこと」かというデモクラシーの基本的立場が脆弱になっていったということです。

日本学術会議の「回答」のなかで、民主社会における市民性の条件としてあげられている「動機における個人的な利害からの自由」とは、「個人的利害」とは異なる次元・レベルでの市民としての活動が民主社会に不可欠であり、この構えが失われることが民主主義の形骸化を招くことになるということでしょう。私的利益を超えて人々が協働して求めるもの、目指すもの、よりよい社会をつくるという課題について議論していくという立場を欠いた民主主義の社会はあり得ず、たんに利害調整のシステムだけではない本質的な機能をもたなければならないということなのです。

第4節　民主主義の危機

日本社会は戦後、憲法と教育基本法によって、戦前の軍国主義支配を排し民主主義社会を実現しました。一九六〇年ごろまでに少年期・青年期を過ごした筆者などは、学校教育のなかで民主主義の空気を存分に味わったという実感があります。歴史で習ったのによれば、その民主主義の淵源ともいうべきものとして、アメリカ独立宣言やフランス人権宣言に結実した一八世紀啓蒙思想があります。私たちがいま当たり前と思っている「自由・平等」の思想がここで確立したと理解しても誤りではないのでしょう。しかし、この先駆者の一人であるジョン・ロック（Locke, J. 1632–1704）に代表され、これらの「宣言」に反映された主張の柱の一つになっているものとして、「所有」の権利・自由があります。すなわち、絶対王制の支配に対して台頭してきたブルジョワジーの要求がその基礎になっているという歴史性であり、その後の資本主義社会の展開を支える自由主義経済思想の基本をなしているという事実です。自由経済競争が人々の自由な権利として展開していくことに対して、これが社会の混乱や困難を生みかねないという危惧に対しては、「見えざる手」が働くというアダム・スミス（Smith, A. 1723–1790）の古典経済学が「明るい道」を示しました。しかし、資本主義経済の進展はただちに「所有」の権利によって「所有する者」と「持たない者」との階級構造を生み、国々の内部での貧困や国家間の戦争、さらには全体主義の悲劇などを生む歴史を経験してきました。アレントの指摘によれば、もっぱら経済活動に関わる諸活動とその調整が「社会領域」の働きとなった近代以降に、本来のデモクラシーは消失したということになります。「自由・平等」という建前はあるものの、その内実は経済競争の無制限な拡大と、そこから生じる困難に対する調整方法の選択だけが政治の主題になるというところに、民主主義の形骸化があるということでしょう。

日本における一九六〇年以降の高度経済成長の約二〇年の時期は、一方で自由経済競争の行政によるバックアップによって著しい成長をもたらし、他方で労働基本権や社会福祉、公害対策など、政治的な調整機能も一定の役割を果たしました。しかし、その後の長期の不況や、とりわけ一九九〇年代初頭からのグローバル化による変動によって、格差の拡大や固定化、貧困の増大、労働条件、就労形態の悪化などが著しく顕在化し、また一方で戦争の危険性も増してきています。これらすべての変動の根底に経済における無政府性があります。「自己の利益」を超えて、世界の将来、子孫に残す地球・社会のあり方について議論し、政治に関わっていく構えをもつことに消極的になるところに民主主義の危機があります。そして私たちがその状況を「そんなものだ」と思ってしまっている点に現代の病理があるといわなければなりません。

自由主義経済体制における無政府性に発して、経済的利害のみの対立と制度利用が政治を支配し、何が正しく将来の人々の生活の発展を保証するものかについての規範的な判断が失われる状況は、民主主義が実現しようとするものとは異なることを、私たちの確とした理解にすることが求められます。結局、民主主義の前提には、成熟した市民としての個々人の理解と判断が維持され絶えず検証される状況、市民一人ひとりの自由で強固な公共精神が息づくことが必要であるということです。そしてこの理解は、民主主義の誕生と成育や危機の歴史を踏まえることによって深められるものであり、大学における教養教育はこのことを役割としなければならないのです。

【文　献】
阿部謹也（二〇〇一）「大学で教養は教育できるのか」『ＩＤＥ 現代の高等教育』四二六、一七–二一
アレント・Ｈ／志水速雄［訳］（一九九四）『人間の条件』筑摩書房
仲正昌樹（二〇〇九）『今こそアレントを読み直す』講談社
日本学術会議（二〇一〇）『大学教育の分野別質保証の在り方について（回答）』

日本の展望委員会（二〇一〇）『21世紀の教養と教養教育（提言）』日本学術会議
丸山真男（一九六一）『日本の思想』岩波新書
プラトン／久保 勉・阿部次郎［訳］（一九二一）『ソクラテスの弁明』岩波書店

第6章　教養教育を基礎づける「民主主義・自由」

第1節　民主主義の脆弱さ

前章では、民主主義社会の一員としての市民性について議論しました。その基本は、個人的・経済的な利害に囚われた意識を超えて、公共の利益、人々にとって望ましいこと、正しいこと、世界が目指すべきものについて考え、多様な人々との討論に参加するための社会的主体性、自律性、能動性であるという理解でした。利害の多寡・調整に明け暮れ、利益のために多数を競うことに終始するのは民主主義の本来の姿ではない、その形骸化したものに過ぎないといえるでしょう。しかし、現実の社会は、歴史的にも多くの局面でそうであったし、現在でも、経済的な利害が主要な関心事になり、政治はそのための多数者の獲得競争や対立の調整に明け暮れています。そして一方で「自由」という建前のもとで、弱肉強食の無制限な経済競争が許容されているのです。ここでは民主主義の本来の機能が失われているといわなければなりません。民主主義の維持には、社会の目指すべきものを考え、検討し、求め続けるという立場・態度が不可欠であり、社会・世界・人類の将来の姿を求めるということがその基盤にあります。一七世紀以来の西欧において、いくつかの段階の革命と戦争を経験しながら成長してきた民主主義は、それぞれの段階において、社会をどう変え、どのような生活を目指すかについて、人々の議論、葛藤、闘争を経てきました。その過程は根源的には理想主義を基盤としていましたし、理想を求めるエネルギーに停滞や後退があった時、民主主義の形骸化や破壊を経験することにもなりました。日本では残念ながら西欧におけるような長期の経験はなく、民主主義が実態としても思想としても確立したのは一九四五年の敗戦の後です。その歴史的経験の少なさのゆえに、民主主義の理解に対する脆弱さがあるのかもしれません。

先に紹介した教育審議会などの諸答申や、その背景にある政財界からの要請、グローバル化のもとで経済競争に勝っていくための人材への要請、すなわち「力強く生きる力」、「卓越した能力」、「イノベーション人材」などの掛け声は、結局のところ経済的な利益獲得に向けられており、そのための政治、そのための教育が求められる状況や、金権政治や財政誘導が幅を利かせる状況は、民主主義の本来とは相反するものといわなければなりません。

さて、以上のように「民主主義」の基本を理解したとしても、なお学生たちと向き合う教室において気がかりになる点があります。民主主義についての理解を学生たちと共有しようとしても、それを学生たちすべてが自然に納得し受け止めることになるのかという懸念です。学生をはじめ若い世代の人たちの間では、民主主義の理想といったって結局どうにもならない、社会とはこんなものだという受け止め方が強く感じられます。「自由」で過酷な経済競走のなかで、他者を尊重する、人権を尊重する、社会的正義を守る……と言ったとしても、「利益を上げられずに会社が崩れてしまったらもともこもない」という強迫にさらされています。そこでなんとか自分は「勝ち組」に残るように頑張るか、どうせこんなものだからとあきらめて、気の合う仲間と互いに傷つけないよう気を遣いながら楽しく過ごすしかない。理想を考え政治に参加するなど白々しく感じる、というような状況があります。ここに民主主義の脆弱さ、形骸化があると思います。「民主主義は容易に覆されかねない状況」という指摘は、政治社会が経済的な利害対立・調整に終始し、過激な競争のなかで多くの働く人々が疎外されてあきらめ、社会の将来に向けて建設的・能動的に生活し活動することに背を向けてしまう状況を指摘していると考えられます。第4章でも紹介した中西新太郎の「若者の政治的無関心を言い立てること自体、つまるところ、社会の政治的陶冶機能が失われている事実の表明に他ならない。教育等を通じて「よき市民」として社会的に行動できる能力を陶冶するという理想は建前として空洞化している。「自律的に判断し行動できる市民」という像に含意された主体は、社会的に無力者である若者たちが向かうべき目標足り得ない。若者の政治的無関心という通念は、若者たちの性向に帰せられるのではなく、むしろ政治的閉塞状態に置かれた若者たちの現実を、彼らの性向の問題に転倒して捉える錯誤というべきではないか」(中西二〇一一)との指摘は、教員が学生たちに面したとき陥りやすい感覚に対する重要な警鐘であると思います。

第2節 「自由」について

「民主主義ってどうせこんなもんだ」という受け止め方、すなわち民主主義に対する「動機」の問題は、「自由」についての理解と共通するところがあります。丸山真男は、先に紹介した民主主義についての議論と同じ文脈で「自由」について次のように言及しています。

社会が自由だ自由だと言って、自由であることを祝福している間に、いつの間にかその自由の実質は空っぽになっていないとも限らない。…（中略）…自由は、日々自由になろうとすることによってはじめて自由でありうるということ。…（中略）…生活の惰性を好むもの、毎日の生活さえなんとか安全に過ごせたら、物事の判断などは人に預けてもいいと思っている人にとっては、自由は厄介なものだ。（丸山 一九六一）

このように指摘されている「自由」には、私たちが普段特に考えることもなく当たり前のように思っている「自由」とはやや異なる本質的な理解があると思われます。

この点を理解するうえで参考になるものとして、エーリッヒ・フロム（Fromm, E. S. 1900-1980）の『自由からの逃走』（一九五二）について触れておきたいと思います。フロムはドイツ生まれで、ハンナ・アレントと同じくナチスによる迫害を逃れてアメリカに移住した社会心理学者です。この『自由からの逃走』は、第一次世界大戦の後の一定の期間にナチス全体主義が市民権を得ることになった過程において人々に生じた状況を、心理学的な分析を基礎に分析したもので、「自由」について現代の課題にも明快な示唆を与えています。

私たちが当たり前に思っている「自由」や「民主主義」は、西欧近代、一八世紀を中心に展開した啓蒙思想に発していると習いました。アメリカ独立宣言とフランス人権宣言に象徴された「権利」の概念は、その後に革命や戦争を含む複雑な過程があるものの、現代まで生きている基本的なものとして受け止められています。そしてその源には、ホッブス（Hobbes, T. 1588-1679）やロックによって示された「人間は生まれながらにして本来自由である」という、今でも私たちがそうなのだろうと感じている考え方があります。これに対してフロムは「自由を求める欲求は人間性に固有なものであろうか。人間が生活している文化とは関係のないものであろうか」、「自由とは、単に外的な圧迫がないことであろうか」と問い、そして「自由が、人々にとって堪え難い重荷となり、それから逃れたいものとなるようなことが、ありうるだろうか」と問います（フロム 一九五一）。

近代以前の中世世界では、王侯貴族とカトリック教会の支配の下で、個人的な自由は欠落していました。人々は生まれながらの地位・階層の宿命を背負い、そこで定められた秩序のなかで疑いをもたずに生活していました。しかしフロムは、「近代的な意味での自由はなかったが、中世の人間は孤独ではなく孤立してはいなかった。人々は与えられた秩序の中で自分の役割を果たしておれば、安心感と帰属感が与えられ、すなわち第一次的な「絆」によって結ばれていた」と説明します（フロム 一九五一）。すなわち、近代的な意味での「個人」が未発達であるがゆえに、「個人の自由」が「剥奪されている」という意識にはならなかったわけです。

中世末期からルネサンス期を経て啓蒙の時代へと展開する社会変化の推進力は、都市を中心にした経済活動の隆盛にあり、富裕な資本家や中産市民階級が新たな力ある層としてそれまでの支配の構造を変化させていき、そのなかで個人主義が芽生え成長していきます。「自由」の思想の生まれは、これらの新たに力を得てきた人々による経済活動の自由の要求に根ざしていました。ロックの自由論に、そしてフランス人権宣言に「所有」の自由が記されているのがこのことを明瞭に示しています。こうして近代資本主義が発達していくと、社会の動きは、経済的利益、富を求める激しい死活の争いが展開されることになり、そのなかで最も強く影響をうけたのが中産市民階級でした。フロムの次の記述は、このような変化をわかりやすく表しています。

個人は、その勤勉と知識と勇気と節約とそして幸福とが許す限り、自らの経済的富を獲得することが許され、また期待された。成功の機会は自分自身のものとなった。が同時に、失敗する危険も自分自身のものになり、各人が他人と争う激しい経済戦で、殺されたり傷つけられたりするのも、全て自分自身の責任となった。（フロム　一九五一）

そしてこの状況、すなわち資本の論理が中世にあった人々の自然的な紐帯を断ち切り、新しい自由の獲得は、個々人を孤立させ、孤独・不安・懐疑を生み、人々は商売・経営・日常生活が成り立たなくなる不安、職と賃金を失う不安にさらされることになったというわけです。

フロムはこのような歴史把握を踏まえて、心理学的考察を展開します。「個性化」と「自由」の獲得は、一方で「孤独」の増大を生む。ここから人々のなかに「個性を投げ捨てて外界に没入し、孤独と無力の感情を克服しようとする衝動が生まれ」、「たとえ自由を失っても、このような自由から逃れ、不安から救い出してくれるような人間（指導者）や外界に服従し、それらと関係を結ぼうとする強力な傾向が生まれてくる」と分析しています。そして「ヨーロッパでは、自由から新しい

「絆」への、あるいは完全な無関心への、恐るべき逃走が起こった」と述べ、ここにナチス・ドイツの全体主義が人々を捉えた底流があると分析しています。

二〇一五年一二月一日の朝日新聞「オピニオン」欄に、フランスの精神科医・作家で戦中にユダヤ人一斉検挙から逃れる経験をしたボリス・シリュルニクのインタビュー記事がありました。そのなかでシリュルニクは次のように語っていました。

歴史を振り返ると共通点がある。国力が弱くなっているとき、社会が混沌としているときは英雄が求められる。…(中略)…催眠術をかけるように、人々の中に眠っている怒りを呼び覚まして操作する。同じフレーズを繰り返し聞かされることで思考が停止する。服従は一種の幸福感をもたらします。考えることは疲れますから。…(中略)…民主主義は手間のかかるシステムです。他人と対話して、異なる価値観も受け入れなければならない。相手を理解するには、知識も身につけなければならない。これに対して全体主義は、みんな同じことをオウムのように繰り返しているから楽だし、仲間にもなりやすい。

こうした歴史的理解を振り返ってみると、「自由」と「民主主義」の不安定さという状況はそのまま現代においてもあてはまるものであることが如実にわかります。過激な経済競争の渦のなかで、孤独・孤立の不安、働き続けることへの不安にさらされ、そして、グローバル化による産業構造の変化、国内産業の空洞化、サービス業の比重の増大などによって、身近な仕事の質の画一化や単純化が著しくなり、個人の無力感・無意味感は現代においてますます激化していています。そのようななかで、人々、とりわけ若い人々は、どのようにして自己を守り維持するかに苦しみ、往々にして「他人の期待に一致するように深い注意を払い、その期待に外れることを恐れ、根拠のはっきりしない「世論」や「常識」の力」（フロム　一九五一）に影響されやすくなります。「他の多くの人と同じような、他から期待されるような状態になりきることで安心感を得、孤独や無力を恐れる意識が消える、そしてこのような「自己の喪失」の状況を、無意識のうちに自発的だと思いこむ」（フロム　一九五一）というわけです。何が正しく、何が将来に向けた努力かを考えることから逃れ、そんなことをしてもどうにもならないという諦念に囚われ、そして「他人に迷惑をかけえさえしなければ何をしてもいいじゃないか」というのを「自由」と感じてしまうところに、本当の自由からの逃走があるということでしょう。これが、「自由はいつの間にか厄介なものになる」（丸山　一九六一）の意味するところであると思います。

これらの議論から、「自由からの逃走」ということと「民主主義の脆弱性」とには共通の根があることがわかります。どうせこんなもの、どうにもならないという諦念が「自由」の意味を狭めあいまいなものにし、民主主義の働きを形式的なものにするということがいえます。フロムは「自由からの逃走」に対して「積極的自由」を対峙させています。この「積極的自由」は、自発的に自身を世界と結びつけようとする「正常・健康」の統一的獲得であると述べ、この「正常・健康」は、「社会の中で果たさなければならない役割を果たすことができる状態、すなわち、社会の再生産に参加することができる状態であるとともに、個人の立場で、個人の成長と幸福を保証できる社会構造の両者が統一される状態」であると説明しています（フロム一九五一）。そしてまた次のようにも述べています。

外的権威からの自由は、自身の個性を確立することができる内的な心理状態があってはじめて成果となる。

思想や感情を自由に表現できる自由は、自身の個性を保証するものであるが、この思想を表現する権利は、自身が自分の思想をもつことができる場合においてだけ意味がある。（フロム一九五一）

心理学的な検討に基づいた論建てではありますが、「自由」や「民主主義」が、個々人の個性、思想の確立を求めていることを理解することができます。

教養教育の目的が「豊かな教養と知性を具えているに止まらず、更に自由な民主社会の建設に挺身協力する勇気と実践的能力を…（中略）…もつ人物を養成する」（大学基準協会一九五一）ことにあり、「現代の民主社会にふさわしい「市民的教養」としての「素養と構え」を育むことである」（日本学術会議二〇一〇）とすると、「自由」と「民主主義」について、その歴史性と現代社会の問題点、そして将来へ向かっての課題を理解し、その課題を携えて生きる構えを学生たちと語り共有することが必要であるということです。このことが現代の教養教育を基礎づける基本的支柱として求められているのだと思います。

【文　献】

大学基準協会［編］（一九五一）『大学に於ける一般教育――一般教育研究委員会報告』（大学基準協会資料第一〇号）

中西新太郎（二〇一一）「アンダークラスでもなく国民でもなく―若者の政治的身体」『「若者の現在」政治』小谷敏・土井義隆・芳賀　学・浅野智彦［編］日本図書センター、三〇九-三四一頁

日本の展望委員会（二〇一〇）「２１世紀の教養と教養教育（提言）」日本学術会議

フロム・Ｅ・Ｓ／日高六郎［訳］（一九五一）『自由からの逃走』創元社

丸山眞男（一九六一）『日本の思想』岩波書店

第7章　教養教育をどう展開するか

先の二つの章で、現代の教養教育を基礎づける基本的な指針について検討してきました。それは、民主社会に参加しこれに貢献していく「素養と構え」を育んでいくこと、そしてそのために学術・科学を基礎として将来の社会のあるべき姿を求めていく建設的な立場、すなわち理想主義的な立場を学生たちと共有していくことであると考えてきました。本書の最後の章では、このような理念にたって大学の教養教育の実際をどのように展開していくかについて、筆者の身近な経験、試みなどを、これからの検討の一助として示しておきたいと思います。長年物理学を専門としてきたところから、やや理系に偏った内容になりますが、人文・社会の分野でも参考になるものと思います。

第1節　京都三大学の試み

京都にある小規模な三つの大学、国立の京都工芸繊維大学と、公立の京都府立大学および京都府立医科大学が、二〇一四（平成二六）年度から「教養教育の共同化」という取り組みをスタートしました。工学・工芸分野および医・看護の単科大、それに文、公共政策、生命科学など複数の学部をもつ三つの大学です。この「共同化」の構想自体は一〇年以上前から大学執行部の間で検討されていたものですが、実際に具体化に向けて動き出したのは開始の二年前に京都府がこの構想の実現のために施設建設を含む予算措置の方針を示したことによります。さらに授業の開始に先立って二〇一二（平成二四）年度の秋から文科省の「大学間連携共同教育推進事業」の補助金支援を受けることになりました。私は二〇一〇年度から京都工芸繊維大学の運営に加わっていましたが、二〇一三年度からはこの事業のお手伝いに専念することになりました。

この三大学連携のアイデアが生まれた背景には、一時期文科省から中小国立大の再編・統合の圧力があったものの実質的なものとはならず、その後に教育や研究の大学間連携による「大学改革推進」が謳われるという状況がありました。京都のこの三大学はそれぞれ比較的小規模で、また二大学は単科であったことから、個々に教養教育を十全に展開するには制約がありました。そのようななかで、教養教育を軸にした連携というアイデアは一般社会受けもするいわば的を射たものでした。全国でもいくつかの地域で教育分野の大学間連携の試みはありますが、多くの場合いわゆる「単位互換制度」による授業科目の相互提供や、コンソーシアムの組織化による科目開講などであり、個々の大学のカリキュラムに大きく影響し教育課程を変えるものとは言い難いところがあります。これに対してこの「京都三大学共同化教養教育」は、各大学が用意した科目を学生定員数に応じて持ち寄り、これを一か所の施設でいっせいに開講し、これらの科目をすべてそれぞれの大学の正規のカリキュラムに組み込むというもので、全国的に先例のないものです。少なくとも週一日は三大学の学生、特に一年次学生を中心にこの新施設（稲盛記念会館）の教室に集まり授業に参加するという、文字どおりカリキュラム上も実際の形態においても共同したものとなっています。このような形が実現できたのには、三大学が地理的に比較的近接（北山地区）しているという条件がありますが、学生の学力レベルに大きな偏差がないということもありました。

この三大学共同化教養教育の内容と方法にはいくつかの特徴があります。第一の特徴は、共同化する科目を「リベラルアーツ科目」としていることです。共同化といっても各大学の教養（共通）教育にあたる課程のすべてを共同化するのではなく、共同化に適した科目を提供し合うというスタイルをとっています。外国語科目や情報教育、専門基礎科目やキャリア教育科目などそれぞれの大学の性格・目的に応じて構築されているものや、工学・工芸や医療など専門に特化した教養科目（専門教養）として各大学固有のものとは区別して、専門を問わずあらゆる学生に開かれた教養科目を共同化の対象とし、これを「リベラルアーツ科目」と呼んでいます。

第二の特徴は、これらの科目についてすべて学生の自由な選択を基本としていることです。これは、前にも述べましたが、「教養教育は学生自身が何を選択して参加するかを考え選ぶことから始まる」という理念にたっているといえます。提供している科目は人文・社会・自然にわたり前・後期計七四科目（平成二八年度、集中開講を含む）ですが、週一日午後の三コマの各時限に一〇科目余りが開講され、学生はこれらのなかから自由に選択します。教室のキャパシティの制約で科目によっては抽選が行われますが、大多数の学生は希望した科目を受講しています。実際これによって、以前と比べて学生の科目選択の幅が大きく広がり当初の目的にかなったものとなっています。学生の評価も高く、また学生の能動的な科目選択によって教室での学習のモチベーションが高くなったという教員の実感もあります（しかしこの自由選択の有効性は学生に依存する面があるので、どの大学にも一般化できるかには議論の余地があります）。

そして第三の特徴は、上記の自由選択制から必然的なことですが、各科目の教室は文系・理系、将来の専門などに関わりなく多様な学生たちが混在するという点です。自動的にそうなるということではありませんが、三大学ごとの定員枠を設けるなどの方法により可能な限り学生の混合が生じるのを期していています。このような特徴から、教養教育に対する一つの立場・考え方が浮き彫りになります。理系、文系、将来の専門に関わりなくさまざまな学生が混合する教室での授業が目指すものは、いわばまさに「市民性」を念頭に置くということにあります。この三大学の方法はあえてこの「混合」を意識的に取り入れて、これに必要な、あるいは望ましい教養教育を模索しているわけです。

第2節　何を目指すのか

文系や理系を問わずさまざまな将来の志向・専門の異なる学生たち、またこれまでの学習歴が一様でない学生たちが混在する教室で行う教養教育の授業が何を目指すのかという課題を前にした時、一般（教養）教育が制度的に始まって以来長い年月を経ていますが、これまでこのような課題にどれだけ正面から向き合ってきたのかがあらためて問われることになります。ユニバーサル化といわれるこれからの大学における多様な学生たちにとって、学術・科学・文化のどのような理解が教養教育としての価値をもつのかをあらためて検討しなければなりません。「民主社会を支える市民としての教養」の内容がどのようなものであるべきなのか、そして学生たちが刺激され能動的に学ぶエネルギーが生まれるような授業とはどのようなものであるべきなのかを明確にすること、これなしには教養教育を意義づけることはできないわけです。授業を担当する教員にとっては、将来においてもその分野の素人である大多数の学生、非専門である相手に向かい、その分野の価値を明らかにし共有するという課題と向き合うことになります。理系の場合と比べると人文・社会系の科目の場合はかつての一般教育においても概ね文理の学生が混在するのは普通であり、担当教員にとってこの課題はそれほど目新しいものではないのでしょうが、理系の場合にはこれまでほとんどの科目がもっぱらそれぞれのディシプリンに沿った基礎教育であったため、簡単ではない課題です。

これまで一般（教養）教育の目的の一つとして一般的に掲げられてきたのは「幅広い学術の基礎の修得」でしたが、近年「リテラシー」という語をしばしば耳にするようになりました。一般的に「リテラシー」というと「読み書き能力」ということですが、「科学リテラシー」という言葉に共通理解となる正確な定義があるかというと、必ずしも明確ではありません。しいていうならば一人ひとりが身につけるべき自然科学の基本ということになり、数学・物理・化学・生物など理系分野の基礎的な知識・方法の理解を指すことになるでしょう。もちろん、法学・経済学・教育学など、文系の分野でもリテラシーに相当する内容があることは確かです。しかし「市民性」というものを念頭に置いたとき、分野を問わずすべての人に共通のミニマム・リクワイアメント、つまり一般社会人が共通に獲得すべき「リテラシー」を定義することができるかというと、これは容易なことではなく、またその必要性と価値があるのかも疑問のあるところです。実際、それぞれの授業を担当している教員も、自己の専門以外の分野でどれだけのリテラシーを獲得しているかというと実に心許なく、ほとんど専門以外は一般市民レベルの素人であるといわなければなりません。以前に教養教育にいわゆる「コア・カリキュラム」を設定することができるかという議論があったのを前の章（第2章第4節）で紹介しましたが、これも類似した考え方でした。また米国の General education においては“Public Understanding of Science（PUS）”を設定しようという議論もあったということですが、現在は必ずしもこれが主流にはなっていないようです（杉山 二〇〇二）。

「リテラシー」は基本的に「個人」が獲得する能力の概念です。教養教育が学術知をもとにして科学的思考・批判的思考・複眼的思考を重厚に培い、これを基礎にして民主社会の一員としての「素養と構え」を育む活動であるとするならば、これは個々人への一般的な知識、「読み書き能力」の植えつけのみで達成できるものではありません。米国での General education においてこのような考え方が主張されたのは、世界の指導者であるべき「強いアメリカ」の市民には一定の高いリテラシーが必要だとする、一種のナショナリズムが見受けられるように感じられるのは偏見でしょうか。

もちろんより広い分野にわたって「リテラシー」を獲得することはどの方向からみても望ましく、学習者は高い充実感を獲得します。したがって「リテラシー」を必要なものとして「修得」させたいという思いは、それぞれの分野を専門とする教員にはつねにあり、その衝動にかられますが、それだけでは、「市民性」を培うという教養教育の立場を充足するものではないといわねばなりません。

それぞれの専門・職業に必要な高度な知識・技術の他に、社会人として共通に有用な知識理解の大部分は、概ね高校までの学校学習とその後の社会生活のなかで体得していくものだと考えていいのではないかと思います。ただ、受験・進学に強く制約された高校までの学習歴は、近年はきわめて狭くなり偏りが激しくなっているため、諸分野の幅広い基礎的理解の範囲にも課題があることは事実です。

教養教育の教室は、学生も教員も自分の軸とする専門をもつ、あるいはそれを意識し目指している多様な素人が集まる場です。このことによって授業の内容や方法は従来の「教える」意識からの変更を余儀なくされます。特定のディシプリンの内容や方法を知ってほしいというだけでは、それに高い興味をもつ一部の学生にとってしか意味をもたず、コミュニケーションの対象にならないことになります。すなわち「科学リテラシー」の内容を拡張し理解していくことが必要になります。

では、教養教育の基礎、教育的価値をどこにおくのか、いうまでもなく個別ディシプリンの知識・技術の習得だけではありません。それは、学術・科学が人間社会にどのように貢献してきたか、そしてこれからどう貢献していくべきかを検討することであるといえるでしょう。専門・非専門の双方の立場から、疑問とこれに対する説明を投げ合い理解を深めていく活動であり、学術・科学の社会的・文化的価値を正しく理解し、現代における社会・科学・技術・文化に関わる諸問題を検討していく活動であると位置づけなければなりません。

第３節　「神棚の護符」からの転換

このような教養教育のあるべき内容を考えるとき、これまではどうであったのかをいま一度振り返ることによって課題がいっそう明確になります。戦後の一般教育の始まり以来、「自由な民主社会の推進力となるべき善良な市民の養成」、「幅広く深い教養と豊かな人間性の涵養」と謳われた目的は、誰しも異を唱えるものではなくずっと掲げられてきたものですが、これをどう具現化するかはほとんど教員個々人に委ねられ、議論はごく限られた教育専門家や哲学者、熱心な教育活動家以外のところではほとんどなかったのが実態でした。いわば、これらの謳い文句は「神棚」に祀ってあった護符の感がありました。ほとんどの大学の現場、とりわけ理系分野では、ディシプリンベースの基礎的教育以外には思いつかなかったわけです。「『人間性の涵養』が大切なことはわかるけれど、誰がするの？　結局は学生個々人の問題ではないのか」というのが多くの教員の感想でした。あるいは真面目な教員が教養教育をどうすればよいのかと問われると、「特定の専門にとっては、他の分野の知識を得ることが教養になる」、「諸ディシプリンの知識・方法を体系的に学ぶことが教養である」といった、それなりに経験を積んだ教員の間でしか通用しない予定調和的な理屈で説明していました。そしてカリキュラムにおいては、ディシプリンベースの基礎的科目が、専門の学生にとっては専門教育、非専門の学生にとっては「教養教育」であるという、いささか詭弁的な理屈もありました。

このような状況には歴史的な背景があります。もともと日本における大学はヨーロッパ型の独立性の強い講座・教授によるギルド的な組織の性格を強くもち、専門分野の講座、「象牙の塔」の寄せ集め、そしてその集合としての学部の独立性が教員の意識を支配していました。一般（教養）教育は本来、その独自の教育を行うための教育課程や内容を企画・調整する教育に特化した組織的活動を必要とするものであり、アメリカの大学ではそのような機能がありましたが、日本では戦後に導入した一般教育とこれを担うべき教員組織としての教養部に、この役割と価値が定着しなかったわけです。一般教育を担当する教員の大多数は、はじめは旧制高校の教員でした。そしてその後次第に大学院博士課程をもつまだ少数の国立大の出身者に代わっていきました。皆、個別専門分野の研究者であり、基礎教育を含む一般教育の過大な教育負担を不本意に感じていました。そのような教員個々に任せた授業が、ディシプリンベースから脱出できなかったのは当然であったといわなければなりません。「大綱化」以前の一般教育における人文・社会・自然の枠組みで開講されていた科目は、ほとんどの大学で共通していて、専門分野の区分に対応したものでした。このような状況では、「神棚の護符」を手元におろして吟味し、また教養教育改善の活動を組織化することは容易ではありませんでした。このようななかで、一般教育を少なくとも制度的に枠づけしていた教養部を解体した結果、専門教育が一挙に比重を高めたのは当然の成り行きでした。

前著（林 二〇一三）で紹介したように、「大綱化」以前の京大における議論では、諸科学の個別細分化・技術化に対するアンチ・テーゼとして「科学基礎」あるいは「学術総合」という理念をたて、これを教養教育と結びつけようとする議論がありましたが、これらも理念的・哲学的論説の限界を超えるには至りませんでした。「大綱化」以後のカリキュラムにおいて、「副専攻」や「高度一般教育」として掲げられたものも、それぞれの授業科目は従来のディシプリンベースの実態から抜け出ることは容易でなく、実際にどのようにして「総合」するかは学生個々に委ねられるものでした。「大綱化」後の多くの大学のカリキュラム改革では、「主題科目」や「パッケージ科目」などで、人間、環境、情報、国際、文化、学際など、課題対応型の科目による構造化が打ち出されました。このような主題型科目の内容は多くの場合担当教員の個人的努力に依存します。また、主題に関連する分野から教員が輪番・交代で担当する場合などもあります。このような種々の改善努力で、教養教育の質的な転換がどのように実質化し、学生の受けとめ方がどのように変化しているか、興味あるところです。近年の教育学会などでの議論の状況をみていると、個々の授業における個人的なさまざまな努力・試みの報告がある一方、教育の評価や「質保証」への技術的対応のある種の「流行」が、本来の教養教育の質の議論を片隅に押しやっているところがあり、ここにも「弱さ」が感じられます。

ディシプリンベースの教育論、各ディシプリンの基礎を修得させるという立場は、学生個々人の消化する力を前提にしたものでした。しかしこの立場で教室に向かったとき、学生の学力や学習歴が多様化してきた結果、教員は授業の困難に遭遇することになりました。専門基礎教育においてならまだしも、さまざまな学生が混在する教養教育の授業で、また実利的な発想が強くなった学生たちへの有効性は希薄になりました。すなわち「大衆化」した大学の教養教育には対応できなくなったわけです。そしてこの隙間に、ジェネリック・スキルやキー・コンピテンシーといった技術的な適応能力型教育方法論が持ち込まれることにもなりました。

「市民性の涵養」という教養教育の基本目標を実質化するためには、「ディシプリンの基礎を幅広く修得させる」という長年の習性からの転換が必要です。教員が考える「必要」からは学生の学ぶ動機、興味・関心は生まれないわけです。将来の志向・専門分野がまちまちな学生が混在する教室が、授業しにくい場所ではなく、そこでこそ市民としての学習と議論が可能な場となる、そういう転換が必要です。社会の課題、そこで生きる人間の課題をとらえ、社会・文化の現実と学術をつなぎ橋渡しするコミュニケーションを柱に据えた授業が必要なのです。学生は、人間のこと、社会のこと、自然のことについて今どこまでがわかっていて、何がわかっていないのかについて素朴で明快な理解を通して、諸ディシプリンの知識の拡張、リテラシーの拡張への意欲が喚起される、そのような授業の場が教養教育の場でなければなりません。リテラシーの獲得から始まるのではなく、人間活動・文化としての学術・科学の感受から出発し、リテラシーの拡張へと、展開の方向を逆転させることが必要です。

第4節 「文化」としての科学教育

近年、初等教育段階から生徒の「理科ばなれ」が問題として指摘されています。学校教育において理系を敬遠する傾向が強まっています。学校生徒ばかりでなく、一般市民の自然科学への興味関心を調べた意識調査でも、日本は先進国のなかでは最下位レベルにあることが報告されています（文科省 二〇〇一、二〇〇四）。「イノベーション人材」を求める産業界からもこの状況に対する危惧と対策を求める声があります。文科省は理科教育への取り組みの先進的な高等学校に対して「スーパーサイエンスハイスクール（SSH）」などの指定による支援を行ったりしていますが、これはすべての子どもたちを対象にするのではなく、優れたものに選択的に力を注ぎ格差・選別を強めるおなじみの政策となっています。「リケジョ」といった言い方が使われたりするのもいささか意図的な感があります。「理科ばなれ」が、学習指導要領に拘束されて画一化した学校教育、受験・進学のための学力という一面化された尺度による学習成果の測定など、現在の教育環境とこれに制約された方法の結果であるのは確かでしょう。しかし、「理科ばなれ」が単に日本に限った問題ではないことからすると、教育システム・方法の問題だけではないより大きな問題があるように思われます。

一九世紀後半以来、自然科学の個別化・細分化が急速に進みました。そしてこれは、産業技術の発達と密接に連携してきました。科学の理解が新しい技術を生み出し、また技術の発達が科学的理解を促進させる、文字どおり弁証法的といえる発展を展開してきました。また一方で、とりわけ第一次世界大戦以来、軍事技術が大きな比重を占めたことも明確に認識しておく必要があります。毒ガス兵器、レーダー、無線通信技術、そしてついには核兵器に至るまで、科学の積極的な貢献の事実がありました。科学の技術化と商業化の流れが強まるにつれて、「役に立つもの」への期待が前面に出てくるとともに、専門化・細分化、ブラックボックス化が加速されることになりました。コンピュータの発達は情報化社会という新たな世界を生み出す一方、コンピュータ制御の高度化によって物事の動作・変化を原理的に知ることは厄介なもの、知る必要のないものという受け止め方が強まり、素人がとやかくいってもしかたがないもの、「専門家に任せておけばよい」ものが身のまわりにあふれることになりました。科学・技術に興味をもつということは、いまや相当に頭のよいものが狭く細長い学習の道筋をたどらなければならないやっかいな作業になったと感じることになるのです。

西欧における産業革命以降、そして日本においてはとりわけ戦後の高度経済成長期から、科学の細分化と技術への応用は社会発展の主要な原動力としての役割を果たし、これによって、生産、労働、健康、医療、生活基盤などあらゆる面の著しい合理化と発展がありました。自由民主主義社会の展開と産業の発達は、人間の未来を開発する展望あるものとして受け止められてきました。しかしその発展の「物語」はいまや過飽和状態に陥り、この延長線のままで世界の将来を描くことができなくなっているという受け止め方が広がっています。地球環境の危機、成長を支えてきたエネルギー資源の枯渇、国内の大量生産・大量消費の飽和による産業の質的な変化などの負のスパイラルによって、これからの発展の方向がみえなくなっているということでしょう。「ポスト・モダン」といわれる思潮もまたその表れと捉えられるでしょうが、これについては文明論の専門家に委ねたいと思います。

筆者はある大学の保健医療系学部で、思想史を中心にした授業を担当していましたが、まだ授業をスタートしていない四月最初の時間に一〇〇人ほどの学生たちに「五〇年‐一〇〇年後の世界・社会はどのようであるべきか、あってほしいか」というアンケートを採ってみました。およその結果をみると、「戦争のない世界」が四〇パーセント、次いで「医療の発展、高齢者の生活し易い社会」の一四パーセントと並んで「金がものをいわない社会」、「機械に頼らない、便利を求めすぎない社会」、「コンピュータやロボットなど消費中心でない社会」などのように、産業技術の発達よりもむしろこれへの懐疑をあげる声が比較的多数あり、いささか意外な印象を受けました。平均的な学生たちのなかでも「成長神話」への疑問が広がっていることが窺われます。このように感じている学生たちに、これまでの延長線での科学リテラシーが魅力あるものと受け止められないのは当然のことと感じられるわけです。個別細分化・要素還元主義を基本にした科学の成果と技術化・商品化の流れが、人々の期待の限界に達していて、かつてのように科学への憧憬を引き起こさない状況を生んでいると考えられます。科学への明るいイメージは、民主主義に対する親和感と同じく、社会発展のある種の「物語」を背景とするものと思われるのです。そして現代はその「物語」の限界、喪失が人々を覆っていると理解できるのかもしれません（「物語」という捉え方については、藤本（二〇一二）を参照）。「理科ばなれ」は広くは「学問ばなれ」であり、これは学術・科学への魅力の低下・衰退であると捉えるのが適切であるように思われます。このように考えると、社会は発展の新しい段階、これまでとは質的に異なる段階へと転換が起こらなければならないということかもしれませんが、これについて的確な意見をもつ慧眼をまだ筆者は持ち合わせていません。

「理科ばなれ」、「学問ばなれ」という状況をこのような大きな背景のうちに捉え、私たちがなすべき教養教育のあり方を明確にすることが必要です。ここでは筆者の頭にいまある基本的な考え方を示しておきたいと思います。

個別ディシプリンの枠にこだわりこれに制約された授業に限界があることは先に述べました。このことから何らかの形で「総合化」するという課題が浮かび上がります。個別分野の障壁を越える

「総合科学」としては、これまでからもさまざまな試みがありますが、単に個別ディシプリンのトピックスの羅列、先端的な知識・到達点の紹介では、科学の学びへの能動的な動機を喚起することにはなりません。また「学際」という呼び名がありますが、この生まれは教育というよりは「学際研究」にあり、個別専門化し細分化した研究では解決できない複雑な課題に対して関連分野が協働する研究であり、これを必要とする課題を設定することから始まるものです。「学際教育」はこのような課題とこれに対する研究の取り組みを紹介するという役割以上には期待することにはなりません。

多様な興味・関心をもち、さまざまな分野の役割をもって生活する市民にとって、リベラルアーツとしての「科学教育」は本質的には「文化」でなければなりません。文学や芸術、思想などと共に人間の文化を構成する要素の一つとしてすべての人に浸透しなければならないものだと思います。それが現代科学の細分化・技術化・商業化によって人々から遊離していることによって喪失状態にある、これを回復させることに課題の中心があります。学術と教育は歴史的・社会的・文化的価値に係る活動であって、政治・経済からの相対的な独自性があります。この点で西欧の長い歴史と比べると、日本近代の学術・教育の歩みにおける後進性の歪みが現代にも影を落としていると思われます。教養教育における「総合化」にはこの「文化」という立場に沿った中心軸がなければ、学生の目を開かせることにはなりません。このための一つのあり方として、中心軸に「時間軸」を置くことが考えられます。これは過去・現在・未来を俯瞰することを指します。具体的には、歴史における学術・科学の歩み、人類の認識の歴史過程を追い、それがどのような社会的背景のなかで、どのような必然性をもって、どのようにドラマティックに展開されてきたかを概観することです。数学、物理学、化学、生物学、医学、そして社会科学諸分野などの歩みが時代の劇的変動にどのように関連し、どのように社会と相互作用をしてきたかを明らかにすること、そして文化としての科学の価値を感受することです。そしてこのような歴史の把握にもとづいて、将来の世界はどうあってほしいのか、どのようになるべきなのか、そのためにどのような努力が必要なのかという課題を、種々の専門知を動員して検討することです。いうまでもなくこのなかでは、まだ解決できていない問題や簡単には解はないが社会的には判断しなければならない問題、現状を是正しなければならない問題などと向き合います。「総合化」は、必ずしも個別諸分野にまたがる拡がりが唯一の条件ではありません。それぞれの専門分野の立場から歴史的流れを捉え、そして関連する社会的課題の検討・ディスカッションを授業の構成にすえることによって思想性のある「総合化」が生まれます。自然環境、エネルギー、少子化、高齢化、医療、食糧生産等々、科学技術の関わる多様な問題の検討は、どの分野にとっても関わりのある課題です。そしてそこではとりわけ現在何がわかっていないかを共通認識にしていくことが重要であると思います。

いうまでもなくこのような授業において、各ディシプリンの基礎的知識が豊富であるほど内容は豊かになり、興味・関心が高まります。このような授業の軸のなかに基礎的リテラシーの修得を融合することによって、学生たちがさまざまな課題を身近な問題として感じ関心を高めることになる、これはいま筆者が授業で経験していることです。

【文　献】

杉山滋郎（二〇〇二）「科学教育―ほんとうは何が問題か」金森　修・中島秀人［編著］『科学論の現在』勁草書房、九一―一一五頁

林　哲介（二〇一三）『教養教育の思想性』ナカニシヤ出版

藤本夕衣（二〇一二）『古典を失った大学―近代性の危機と教養の行方』ＮＴＴ出版

文部科学省（二〇〇一）「平成一三年度版科学技術白書」

文部科学省（二〇〇四）「平成一六年度版科学技術白書」

エピローグ

スペインの著名な哲学者・思想家、ホセ・オルテガ・イ・ガセット（Ortega y Gasset, J. 1883–1995：以下、オルテガ）は、その多くの著作のなかで、ヨーロッパの古代以来の歴史において、文明的な危機が三回あるという、オルテガ特有の実に印象深い論を展開しています。三回の危機というのは、第一が古代ギリシャ・ローマ末期（紀元前一世紀 - 紀元四世紀）、第二が中世末期から近代科学文明の誕生までの時期（一三五〇 - 一六〇〇）、そして第三は現代の危機であるとしています。このような大きなスケールでの歴史把握、とりわけ危機の内容における「大衆」という捉え方に示されるオルテガ特有の社会認識の妥当性については、私自身が論じる知識も眼力も持ち合わせているわけではないので、ここで議論を展開するつもりはありませんが、共通して「危機」を性格づけるものは、社会の総体的な充実・発展の後に人々がその達成した状態、飽和状態に満たされ、そこに定着した習慣・しきたり・惰性に固執して将来への発展の展望をもち得なくなる状態を指しています。そしてオルテガが指摘する第三のこのような危機、「現代の危機」についてはとりわけ強く共鳴を感じるところがあります。

この危機についてオルテガは次のように述べています。

一六〇〇年頃に採られた新しい「立場」（生活態度）――いわゆる「近代的」立場――があらゆる可能性を汲みつくし、その最終の極限に到達し、それによって自己の限界と矛盾と不十分

さを見出したということからきている。（オルテガ・イ・ガセット 一九七〇）

ここで一六〇〇年ごろに生まれた「近代的立場」というのは、ガリレオ・ガリレイとルネ・デカルトに代表される近代合理主義科学の確立を指しています。この時点が、第二の危機である中世キリスト教世界の衰退とルネサンス期の混乱を越える新しい展開を決定づけるものであるということです。この近代合理主義が、これに続く啓蒙の時代に自由と民主主義の原理を確立し、また一方で、とりわけ科学の精密化、細分化、高度化を進めるとともに技術開発との密接なつながりを生み出しました。

一九世紀の文明は、自由と民主主義と技術という二つの面に要約できる。…（中略）…今日の技術は、資本主義と実験技術の融合から生れたものである。（オルテガ・イ・ガセット 一九八五）

このような近代社会の発展、とりわけ技術の圧倒的な発展によって、人々の生活に必要なもの、施設や利品があふれ、「全ての人」がこれらを占有し満たされるようになったなかで生じてきた第三の危機としての「現代の危機」を、オルテガは次のように分析し把握しています。

しかしながら我々は、あまりにも満足しきっている時代、あまりにも達成されている時代は、実は内面的に死んでいるのに気づく。真の生の充実とは、満足や達成や到達にあるのではない。

願望・理想を満足させた時代は、もはやそれ以上を望まない、願望の泉が枯れてしまっている。（オルテガ・イ・ガセット 一九八五）

自由・民主主義の理想から生れた万人平等化は目標や理想であることをやめ、単なる要求や無意識の前提になってしまった。（オルテガ・イ・ガセット 一九八五）

オルテガはここに「危機」を捉えたうえで、これと同じ文脈において「科学」を論じました。

科学の原理の豊かさは、科学を驚異的に発展させたが、その発展は不可避的に専門化をもたらし、その専門化によって科学が窒息しかけている。…（中略）…専門化は、科学者から総合的文化を追い出し始める。

科学は自分自身の成長を有機的に調整するために、ときに再編成を必要とする。その再編成は、総合への努力を必要としているからである。（オルテガ・イ・ガセット 一九八五）

純粋科学の研究室が、学生を惹きつける魅力を失い始めている。（これは）産業が最高の発展段階に達し、人々が科学によって創りだされた器具や薬品の使用に、今まで以上に意欲を示しているときに起きている。（オルテガ・イ・ガセット 一九八五）

オルテガがこのようにヨーロッパの歴史的分析を示し、「現代の危機」を告発したのは、第二次世界大戦以前のスペインからでした。しかし、この認識は私たちの現代においても、まったく古びず、むしろあてはまっているように感じられます。とりわけ日本においては一九六〇年代後半からの高度経済成長以降に起こってきている社会変動を、この「危機」の理解によって鮮明に捉えることができるように思います。第2章第2節で、二〇〇二年の中央教育審議会の答申「新しい時代における教養教育の在り方について」を紹介しましたが、そのなかで答申は日本社会の現状について「（前略）…個人も、社会も、自らへの自信や将来への展望を持ちにくくなっている。…（中略）…社会全体に漂う目的喪失感や閉塞感の中で、学ぶことの目的意識が見失われ、勉強・努力を軽んじる風潮が広がっている。…（中略）…こうした傾向の拡がりは、我が国社会の活力を失わせ、その根幹をむしばむ危機につながるものと危惧せざるを得ない」と述べていましたが、ここには共通した問題意識をみることができます。オルテガによればこの現代の危機は継続中であり、これがどのように克服されていくかはこれからの課題であるとしています。「第三の危機」としての現代は、私たちが生きる現在も継続していて、まさにこの課題に向き合っているということでしょう。

現代の教養教育の課題が民主主義社会に参加しこれを担う健全な市民性を培うことにあるということを確認したうえで、現在の社会とりわけ日本の現状をみてみると、その課題が明確になってきます。私たちをとりまく自然環境やエネルギー・資源など地球規模の危機・限界が明らかになってきている一方で、経済的利益の獲得競争の自由が最優先される現状、グローバル化の掛け声のもと厳しい労働環境、格差・貧困の拡大、健康で文化的な生活が制限され奪われる不安、そしてこれらが「自由」と「自己責任」という建前によって容認される状況、そしてこのようなかで多くの人々の心に時に生じる諦念、子どもたちにみられる勉強嫌い、理科離れ、そして科学者のなかでの専門化・細分化・技術化・商業化の傾向、このような現状に対して、課題をどのように克服していくのか、現代が歴史のどういう段階にあり、次の時代、五〇年後、一〇〇年後にどのような社会をつくっていくのかを考え、理想を求めていく議論を展開すること、そしてすべての学生たちにその作業への参加を求めていくことが、教養教育に与えられている課題であるということでしょう。

オルテガはもう一つの著書「大学の使命」のなかで、当時の大学が提供する高等教育の役割として、「知的専門職の教育」と「科学研究及び将来の研究者の養成」に加えて「一般教養」が置かれていることについて、「(前略)…いわく、学生は若干の「一般教養」を受けるのが適当である。…(中略)…「一般教養」――かく言われるこの用語の不条理、俗物性が、その不真面目さを暴露している。…(中略)…この「一般教養」という言葉を使用する時、それでもって、学生は何らかの装飾的知識、品性や知性にあるさだかならぬ教育的影響を及ぼすような知識を受けるべきであるという意向を示す」(オルテガ・イ・ガセット 一九六八)と痛烈に批判しました。そして、「今日のわれわれはおそろしく非教養の時代の中で生きている」(オルテガ・イ・ガセット 一九六八)と指弾しています。大学教育の役割の中心が専門教育であって、教養教育はそれに対してなにか漠然とした「付加的、装飾的」なものだとする受け止め方は、戦後日本の一般教育の出発時点からそうであったし、現在でもそのような受け止め方は大学の中に根強くあると思われます。大学院をも含む大学教育の全課程のなかで、教養教育が専門教育と真に連携する柱として位置づけられ具体化されることを求めなければなりません。

最近担当した授業「科学と思想」のなかで議論した後、学生たちに書いてもらったレポートのなかからいくつかを付録に紹介しておきます。教養教育の授業を通して多くの学生たちが歴史的な課題の認識を拡大し、社会人としてのあり方を探求し続けてくれることを期待したいと思います。
最後に、本書の出版につき大変お世話になりましたナカニシヤ出版編集部米谷龍幸氏に心より御礼申し上げます。

二〇一六年九月
林　哲介

【文　献】

オルテガ・イ・ガセット・J／桑名一博［訳］（一九八五）『大衆の反逆』白水社、六四-一六六頁
オルテガ・イ・ガセット・J／前田敬作・山下謙蔵［共訳］（一九七〇）「危機の本質―ガリレイをめぐって」『オルテガ著作集　第四巻』白水社、九〇頁
オルテガ・イ・ガゼット・J／井上　正［訳］（一九六八）「大学の使命」『新世界叢書 Ⅲ』桂書房、二六-二七、七四頁

◆付　録　学生の授業レポートより抜粋※

◆学生A「プラトンについて」

私が取り上げたいテーマは「プラトンの思想の変質」である。

プラトンは古代ギリシアの哲学者である。彼はソクラテスの弟子であり、彼の思想に大いに影響を受けた。初期の根本テーゼは「人間にとって何が幸福で何が不幸か?」ということで、彼の著作とされている「ゴルギアス」においては〝常に正義を守って正しく生きる人は幸福である。〟という言葉によって「正しさ」や「善」は、世の中での利益や優位で判断されるとした考えを誤りであると指摘した上で、それらが「魂のあり方」や「正しい生き方」にあるという考えを著した。つまり、「善」や「徳」というような、個人によってその判断基準が異なるものとされてきたものに対して、それらが普遍的な意味を持ち、絶対的な基準が存在するということがプラトンの初期の思想である。また、後期にはイデア論に代表されるような事象の真の姿や理想世界の存在といった宗教的、空想的な思想へと変化していった。それらは〝プラトニズム〟と称される彼の教理にも表れている。〝プラトニズム〟とは肉体的な欲望から離れて「真実在」を求めるという精神的なものを重視する考え方のことである。その中心的な構想であるイデア論は彼の著書「国家」の「洞窟の比喩」で明確にされており、その比喩では人間は洞窟の中で縛られた人々であり、人間が実際に見ているものは洞窟の外にある光によって照らされた「実体」の「影」であるとされている。このように人間が現実

※記述のなかには事実についての不正確な点や主観的な記述もみられますが、逐一手を加えることはせずに紹介することとします。

に見ているものは真理であり実体である「イデア」の「影」であるとプラトンは考えていたのである。

私が「プラトンの思想の変質」をテーマとして取り上げた理由は、プラトンが一貫して「正義」や「徳」について、その基準は絶対的なものであると考えていたことが印象深かったからである。途中その思想が理想化していったことも否めないプラトンであるが、多くはその個人の判断によるとされがちな「正義」や「徳」に対して「絶対的基準」が存在すると考える彼の思想は私に大きな衝撃を与えた。

授業で学んだように初期のプラトンは〝常に正義を守って正しく生きる人は幸福である〟と考えていたようだ。それを初めて聞いたとき、「正義」や「幸福」といった個人の価値観によって判断基準が異なるようなものを絶対的なものとして考えるプラトンの考え方に当然私は違和感を抱いた。しかし彼の考えはその表面的な意味よりも当時の情勢を知らなければ理解できないものだと感じた。当時の社会では、富や名誉、あるいは名声を「善きこと」と考えられていた。しかし、彼の師であるソクラテスもそうしたように、富を得ること、名声を得ること、感覚的な快楽にふけることなどを「善きこと」と考えている社会を批判したのであった。それらの不正を行う人間は不幸であると彼は考えたのだ。プラトンによれば、正義に基づいた「善きこと」を行う人こそが幸せなのだ。なぜなら彼は正義そのものが魂にとって有益であると考えていたからだ。この「善」に対する考えは彼の後の思想にも通じる。その後の思想というのが「イデア論」だ。この「イデア論」によってプラトンは「真実在」の存在について説明した。そして、「善」の「真実在」である「善のイデア」を知ることが哲学者の目的であり、またそれを最も重視した。普遍的な「善」を意味する「善のイデア」については初期のプラトンと共通する思想で、違いを挙げるとするならば、彼が「善」の「真実在」として求めたものが、次第に理想化していったことであろう。このような変化はあれども、「善」の本質は人類に共通するものであるとする彼の考え方はとても合点のいくものであると思うし、それは彼の生きた古代ギリシアのみならず、現代の社会にも言えることだと思う。その事実が、一時代の人間だけでなく時代を超えてもなお共通しているという点で、プラトンが「善」の本質を指摘したということそのものが正しかったということを証明できるのではないだろうか。「正義」、あるいは「不正義」は決して人それぞれではなく、その根底にあるものが人類に共通している以上、理性的に判断することができる絶対的な基準が存在しているはずだ。そう考えることに違和感を持ちえないほどの根拠をプラトンの思想によって得ることができた。

◆学生B「自由と民主主義について」

私がこの授業で最も興味を持ったことは、丸山真男の『「である」ことと「する」こと』のなかの自由であるためには日々自由になろうとして初めて自由でありうるという指摘である。

丸山真男は自由と民主主義に対して次のように述べている。「自由は、日々自由になろうとすることによってはじめて自由でありうる」、「民主主義というものは、（中略）普段の民主化によってかろうじて民主主義であり得るような、そうした性質を本質的に持っている。」自由は自由であることに満足していてはいずれ自由でなくなってしまう。民主主義も、不断の民主化によって辛うじて民主主義でありうる。自由も民主主義も能動的なアクション（「する」こと）によって鍛えていかなければ衰退してしまうから「である」ことに満足していてはいけないということだ。自由と民主主義の落とし穴を指摘する言葉である。

「であることとすること」を読んでみると自由人という言葉がよく用いられている。しかし自分は自由であると信じている人間はかえって、不断に自分の思考や行動を点検したり吟味したりすることを怠りがちになるために、実は自分自身のなかに巣食う偏見からもっとも自由でないことがまれではない。逆に、自分が「捉われている」ことを痛切に意識し、自分の「偏向」性をいつも見つめている者は、何とかして、より自由に物事を認識し判断したいという努力をすることによって、相対的に自由になり得るチャンスに恵まれていることになるという。

普通ならば、のほほんと生きている者のほうが、ぐずぐずと悩んでいる者よりも自由であると思われる。たぶん、それは一面の真実を表している。しかし、ここで言われている「自由」は、少し質の異なる自由であるようだ。それは「偏見」や「偏向性」と言われているように、自分がいかに偏った思考や行動をしているかを自覚することによってもたらされる。自分にとっては空気のように当たり前で、透明な認識でも、実は数あるうちの一つにすぎない。そのことを理解したとき、人は偏見から解放される。

「相対的に自由」になるとは、「ひとつの認識に囚われていたかつての自分」と比べて、「その認識も創造されたものであると意識した今の自分」のほうが自由だということだ。ソクラテスの「無知の知」に通ずるようなところを改めて再認識した。

「民主主義というものは、人民が本来制度の自己目的化――物神化――を不断に警戒し、制度の現実の働き方を絶えず監視し批判する姿勢によって、はじめて生きたものとなり得る。」それは民主主義という名の制度自体についてなによりあてはまる。つまり自由と同じように民主主義も、不断の民主化によって辛うじて民主主義でありうるような、そうした性格を本質的にもっている。しかし、民主主義は具体的な政治制度であると同時に、単なる「名前」でもある。民主主義が名前として掲げられているだけで、実際の政治はそれと程遠いような状態は、民主主義がまさに自己目的化していると言える。まさに今の日本の政治がそうであろう。

民主主義という制度が実現したことに甘んじていないで、民主主義をよりよくするために批判していくべきだ。そうすることによって、思想は鍛えられ、政治システムとしても充実していくはずである。

この授業は様々な思想について、唐突に紹介されることがなく必然的にその思想が生まれたと脈絡づけられていたのでとても理解が早くいったように感じている。有機的な知識体系が築けて、現代の様々な問題を見つけることができるようになったと思う。学生同士が話し合う時間も普段は知ることのないほかの人の考えを知ることができて新鮮だった。

◆学生C「日本の近代化」

ヨーロッパで生まれた科学や「自由」の思想が、日本ではどうして生まれてこなかったのか。それは日本では「個人」と「社会」が生まれなかったからである。日本にあるのは、「和を以って貴しと為す」「世間」という存在であり、それゆえ「社会」は未成熟なままだった。科学や「自由」の思想は、「世間」から自立した個人がなくては生まれてこない。

日本人の世間という感覚は、私にもよくわかる。とにかく足並みを揃えて、「みんな一緒」であることを望む。「世間」では「出る杭は打たれる」から、「周囲を気遣い、自己主張を控え、個性を窒息させる」。それが最も安全で安心な「世間」での生き方なのである。

生まれたときからずっと「世間」の中で生きてきた私は、「世間」が持つ短所どころか、「世間」という存在を認識したことすらなかった。ただなんとなく、人と衝突しないように気を使いながら生きるのが、正しくて一番いい方法だと思っていた。だから、「世間」から自立できなかったがゆえに、日本では科学や「自由」の思想が生まれなかったのだ、と聞いたときは、まさに青天の霹靂だった。私はそこで初めて「世間」という存在を認識し、「世間」という生き方について改めて考えるようになった。

日本人の大多数もまたおそらく「世間」に対して疑問を覚えたことはないのではないだろうか。「世間」というあり方は正しいのかどうか、どんな短所と長所があるのかなんて誰も意識していないように思う。しかし私たちはこの「世間」というものをしっかりと認識し、考えていかなければならないのではないだろうか。

昨今テレビなどでは〝いじめ〟問題が取り沙汰されることがあるが、これもまた「世間」の生み出す弊害である。私が小学生のころ、とある女の子がいた。その子は少し自己主張の強い子ではあったが、身体障害者だったわけでも、太っていたり足が遅かったりしたわけでもなかった。目に見えてみんなと違うところがあったわけではない。それでもその子は、いつだって悪い（当時の私が、まだ見ぬ彼女のことを妖怪かなにかなのではないか、と恐れたほどの、まるで怪談話のような）噂を、みんなに流されていた。みんなと違うことをする彼女は、みんなにとって「おかしい」人だったのだ。みんなと一緒じゃないから、〝排除〟し、〝差別〟するというその行動は、みんなと一緒であろうとする「世間」のあり方が問題ではないかと私は考えさせられた。みんなと一緒でなければおかしい、と子供ですら思わされている。

もちろん、話は子供の間だけにとどまらない。子供がそう思うということは、大人がそういう風であるということに他ならない。とあるテレビ番組で、中国人の赤サンゴ密漁について語られていたとき、ある人が「どうしてそんなことをするのか。仲良くしようという気がないのか」と言っていた。この、とにかく「仲良く」して「場を乱さないように」「気を遣うのが当たり前」という考えが、日本には強く根付いている。そしてそれが、世界にとっての当たり前だと思い込んでいる人もいるのではないだろうか。それはとても危ういように私は思う。

世界にとって「世間」という考え方は当たり前の

ものではない。その認識の誤差は、ボーダーレス社会となっているこの現代において、日本が諸外国と関わるとき、致命的な間違いを起こすことにならないだろうか。何もこれは国同士という大きな規模のことだけでなく、個々人での関わりにおいても同様である。「世間」という考え方が当たり前ではない人を相手にしたとき、「世間」を当たり前だと思っている人は、話のかみ合わなさを感じるのではないだろうか。

「世間」に関して否定的な意見ばかりを書いてきたが、「みんなで仲良くしたい」という考え自体は悪いものではないと思う。ただし、無条件で相手が主張を引っ込めてまで仲良くしようとしてくれる、という思い込みが「世間」でははびこっているように私は思える。私たちは「世間」という考え方があることをまず正確に認識して、その危うさを理解していかなければならない。そうでなければ私たちは、「自由」や民主主義の意味を理解することができず、日本が本当の意味で近代化することはできないのではないだろうか。

この科目を履修して、歴史の流れを通してかつての人々の思想やその背景を知ることで、私が普段意識しない物事について改めて考えるきっかけになった。普段なんとなしに見ているテレビや新聞の内容にも、興味を惹かれるようになった。

◆学生D「日本の近代化」

西洋における近代化は民主主義と資本主義を政治と経済の中心にすえたものに変える流れである。市民革命と産業革命が近代化の発端となった。日本の近代化は明治時代から始まり、主な特徴は富国強兵、絶対主義天皇制、海外侵略である。富国強兵とは国力を上げるための政策であり、資本主義政策を国内で発展させることと欧米諸国と遜色ない兵力をもつことを目標とした。

日本はこの近代化の過程において本当の意味での

「個人」という概念が成立していない。民主主義は成熟した個人がいて初めて成り立つため、個人の概念が成熟していない日本社会は未成熟とも考えられる。日本の社会において代わりに存在するのは「世間」という自分と関わりのあるぼんやりとした領域のようなものである。日本人は世間の外のことには知らず知らずのうちに無関心及び排他的になっている。

このテーマにおける「世間」という概念に最も興味をもった。小学１年の途中から中学一年の途中まででアメリカに滞在していたこともあり、日本と欧米、とりわけ日本とアメリカの様々な違いについては考えることが多かった。例えば日本では他人の意見に反論するとその人の人格まで否定しているように相手が捉えるのは何故なのかということについて考えを巡らせることはあった。または日本で集団からはみ出るような行動をしてはいけない理由なども、実際日本でそのような行動をとったせいで非難や仲間外れの的にされた経験があったので考えることが多々あった。だが今回「世間」という概念について学んだおかげで断片的に考えていた日米の諸々の違いが上手く繋がったように感じた。

日本においての個人は世間の中に存在する個人という考え方であり、拘束がなく自らの意思で行動を起こせる人間を個人と呼ぶ西洋の考え方とは大きく離れている。つまり日本では独立した個人を基本とせず、全体の中で和をなす一部としての個人が基本になっている。したがって近代化に伴って西洋から伝わった自由や平等などの概念は世間という空間の中では完全に受け入れることはなく、本当の意味で日本人には理解されていない。また世間においては言動や動作、義理人情、恩、恥などが重要視されるので、これらが乱されることはあってはならないとされる。よって集団からはみ出る行為は和を乱す行為であり、してはならない。相手の意見を否定することも義理人情などに反してこれもまた和を乱す行為であるのでしてはならない。またこの世間という概念は変えられないという共通の認識があるため、なぜ和を乱す行為をしてはいけないのかという疑問に対して「しかたない」や「これは理屈ではないのだ」などの言葉で時には非合理な世間におけるルールを飲み込むことが多い。

「世間」という概念は学校でのいじめと関係が深い。世間の特徴が最も如実に表れる例だと考えている。世間があったからこそ昔の人間が力を合わせて危険から生き延びることができた経緯があるので世間を絶対悪と思うことはないが、クラスという一種の世間で守るべき言動や動作、義理人情、恩、恥があり、これらを守らない人間は世間から放り出され、無関心に排他的に扱われる。そしてこれは変えられないルールであるので、現状を変えたくても「変えられない」、放り出された人間を救わないのは「しかたないから」といった具合で生徒は考えてしまう。また放り出された側が放り出されるいわれもなければ不当な扱いを受けるいわれもないと西洋的に権利を主張してもそれは世間という世界においては通用しないと片付けられてしまう。我々は世間という概念についてもっと知るべきである。いじめがなくならない理由は集団心理によるものという考えだけでは浅い。西洋諸国ではないのに日本ではいじめが存在する理由について、近代化や世間の歴史まで理解した上で考えるべきである。

◆学生E「現代の産業社会について」

現代の産業社会は、近代化に伴う科学の発展とともに発展してきた。日本においては高度経済成長期が始まると同時に一次エネルギー消費が急激に増大した。しかし、そこにはいくつかの弊害があり、中でも深刻なのがエネルギー問題である。

まず挙げられるのがエネルギー資源の枯渇である。二〇〇九年時点で石油は四二年、天然ガスは六〇年、石炭は一二二年、ウランは一〇〇年で採ることができなくなる。そのような化石資源やウランの枯渇のこともあり、現在の日本は原発への依存が大きくなっている。原発は現在の日本の大きな問題となっており、具体的には安全性、核燃料と使用済み核燃料の処理、放射性廃棄物処理が主な要因として挙げられる。現在日本では、安全であるということを理由として原発を稼働しているが、それは安全を保証するものではなく、事故が起こる可能性も十分に考えられる。放射性廃棄物の処理も大きな問題であり、濃度一％の天然ウラン鉱石のレベルにまで下がるのに数万年かかるという。さらに原発を設置する地域への考え方や、そこで働く労働者の層など、倫理的な問題点も指摘されている。また、日本は高速増殖炉の開発を続けており、そこに一兆円以上の国費を投じている。高速増殖炉の実現は限りなく難しく、事実ロシアやフランスを除く欧州各国は開発を中止している。さらに、福島原発の崩壊後、ドイツ、スイスなどの西欧諸国は数年後に全原発を廃止することを決定している。

ドイツは再生可能エネルギーが担う比率を大きく引き上げる見通しを立てており、脱原発と経済成長・温暖化防止を同時に達成するという。その根底には専門的な知識を有する科学者の発言力があると考えられる。一方日本では政府の発表した二〇三〇年の電源構成案によると、原発が二〇-二二％（二〇一一年二〇％）、再生可能エネルギーが二二-二四％（二〇一一年一九％）水力）となっており、今後も原発に頼っていく方針であることがわかる。日本は国土が小さいなどの問題から再生可能エネルギーの普及やエネルギーの需給が難しいのは確かであるが、ドイツのような方針が取れない理由の一つは上記のような科学者の発言力の欠落であると思われる。

私は今回のテーマで提起された問題について触れることにより、産業革命以降の人類の歩んできた道に疑いを持つようになった。資本主義が主流になり、自由経済による競争が激しくなった結果、気づかぬうちにエネルギー資源が底をつくのが現実味を帯び、地球環境が危機にさらされた。また、気づいた後でもそれを止めることはできずここまで来てしまったという流れを再認識し、深く考えさせられた。物質的な豊かさよりも、地球と人類の存続のほうがはるかに重要だということに再度気づかされ、地球で暮らす私たちすべてが現状を知り、これからの動向に能動的に関わっていくべきだと強く感じた。

上に述べた問題に対して、現代の社会は達成しなければならないいくつかの課題を持っている。まず必要なのは原発の廃止である。安全性への疑いもそうであるが、放射性廃棄物の処理が非常に大きな問題である。そして原発を廃止した場合、その分の発電はどうするのか、という問題に突き当たる。そこで必要になるのが再生可能エネルギーである。理想は再生可能エネルギーの比率を増やし、それでもって大部分を補うことであるが、そのためにはそれなりの年数が掛かるだろう。経済的なことを考えると化石燃料に頼らざるを得ないが、地球環境への悪影響が付きまとう。

そうなると、根本的な部分を見直すことが必要になる。過度な経済競争を抑え、資源、エネルギーの無駄遣いを止めるのである。現に私たちが生活していくうえで必要なものはいま世界にあふれかえっている〝もの〟の中の割合で言えばかなり小さいものであろう。そのため、経済成長を抑えるというような対策も講じられるべきである。これはかなり大胆な方法であるが、地球と人類の将来を見据えて、何が最も重要なことかを天秤にかけて見つめてみれば考える価値はあるのではないかと思う。

私自身の責務について、将来的には上で述べたような考えを自分の専門分野を通しても社会に提起し、また常日頃から小さいことでもエネルギーの節約、少しでも環境に負担をかけないような行動を心掛けないといけないと考えた。

私はこの授業の中で、多くの新たな視点と知識を得た。特に人類が歩んできた歴史は自分が思っていた以上に密接に、直接的に現代の社会に結びついているということがわかった。これはよく言われることだが、今起きている問題に取り組むためには過去に起きた出来事を知らなければならない、という言葉の意味を実際に体感して理解できたように思う。

ギリシャ哲学から始まり現代に至るまでの大まかな流れを掴むと、やはり日本の近代化が表面的で、技術の面に偏っていると感じざるを得なかった。西洋においてはこの授業名の通り科学と思想が絡み合いながら発展してきたために強くそこに根付いている感があるが、明治維新後急速に西洋の文明を取り入れてきた日本においては、どうしても思想の面と科学技術の面の間にずれがあり、押すと崩れてしまうような脆さを感じた。現代は非常に複雑で多くの問題を抱える時代であるが、先を見つめる視点を忘れずに社会に関わっていこうと思う。

◆学生F「原子力発電」

私が今回のレポートで取り上げたのは、日本における原子力発電所の問題である。私はこの授業を通して世界の思想の変遷とそれに対する科学の所見の変容、多様化の流れを学び、それらのつながった先にある現代の社会について学んだ。

授業では過去の世界と現在の世界を比較してどちらの世界の社会がどのような点で優れており、またどのような点で劣っているかを考えることもできた。そしてその中で、私が最も記憶に残ったと思った内容が、原発についてであった。現代の日本において、原発のようなものが存在しているということは、科学と思想という、人間にとって根源的に重要視されるべき要素が意図的に蔑ろにされる社会構造が日本に醸成されてきたことを意味しているように感じる。その恐ろしい疑惑に対して、積極的関心を持ち続けるために、今回のレポートではこのテーマについての自分の考えを述べたい。考える上で、寺尾紗穂氏の『原発労働者』の記述を論拠にした。

原子力発電所について、はっきりしていることが一つある。それは、原子力発電とは「未完成」なものであるということだ。発電所はその多くが自然界に悪影響を及ぼすような化学的な作用を伴って、電力を供給している。太陽光発電や風力発電はそうしたデメリットのないものの、その発電量は現在の日本とっては決して満足できるものではない。それに対し原子力発電はそれら両方のデメリットを解消しながら多量の電力を供給している。しかし、原子力発電は、先に挙げた発電所とは比べ物にならないほど地球にとって悪質な物体を生み出している。それが放射性物質だ。原発が未完成であるといえるまず一つの点は、この放射性物質の処理方法が存在していないという点だろう。それはつまり、原発は電力と引き換えにどうすることもできない廃棄物を生み出しているということだ。歴史上の人間生活において、どうすることもできない物体は、放射能物質以前は存在しなかった。糞尿は大地に還元され木炭や石炭も自然の許容できる範囲の物質でしか構成されていなかった。その境を踏み越えてしまった結果が、原子力発電であるということは重要である。地球上の生命の歴史では、そのすべての営みが、地球という閉じられた空間をすべての生命で共有して利用してきた。そのサイクルを支えていた自然が、対応不可能というサインを、放射性物質に対して発している。原子力発電は、過去、現在、未来におけるすべての生きとし生ける者たちの共有財産であった自然を、だれにも決して使うことのできない不要なものに変えてしまう行為だといえるのではないだろうか。

原発が未完成であるということのできる根拠がもう一つある。それは、原発の維持のために必要な労働者が、必ず身体に害を受けなければならないということだ。このことについて詳しく書かれている本が、『原発労働者』であった。これは数人の原発労働者へのインタビューが中心になっており、原発労働の全体像を伝えているとは限らないが、少なくとも一つの真実を伝えているという点で非常に価値のある内容となっている。この本の中の原発労働者の発言から読み取ることのできる原発での労働の実態は、憲法に定められるところの基本的人権を尊重しているとは到底思えない。もしそれが日本のすべての職業に当てはまるならば、それはより深刻な問題だろう。だが、そのような推論が成り立たないほどに、原発での労働環境の欠陥は明らかである。彼らの労働は、何もかもが彼らの身体を、精神を虐げ、蝕んでいる。このような残酷な欠点は、世の中からひた隠しにされてきた。そして、そのような欠点が存在することを、日本の政府は容認している。これは、一種の洗脳を受けた状態だといえる。なぜなら、法治国家であり、民主主義国家である日本という国において、国民である労働者をまるで何世紀も前の黒人奴隷のように扱うことに疑問を感じないはずがないからだ。

この問題に対して、感情的にならないことはあってはならない、と私は思う。現代の経済的にも治安の上でも発展を遂げた日本では、政治の議題にあがるべき問題は、一般市民には到底理解できないような専門分野の意見と議論によって、一時的な感情に流されることなく解決されるべきである。それはなぜなら、高度な社会とは、一般市民の感情で否定することができるような当たり前の問題が存在してはならない社会であるからだ。そうであるべきはずだが、原発の問題を直視したとき、私は、このような問題を抱える日本は、あるべき人間の共同体と比較して非常に劣った国であると思わざるを得なかった。日本人は、感情という人間を人間たらしめるもののうちの一つを無理やり壊すことで、今の街や工場、スーパーやコンビニエンスストアを作り上げてきたのだ。それは、日本がどうしようもなく醜い国家になり果てたことを意味していると私は思う。そのことを、私たちは直視しなければならない。それは専門的な科学によってではなく、どのような人間でももちあわせるべき道徳心や倫理観によってなされなければならない。私たち日本人は、未だそのような段階で社会の枠組みに向き合う必要のある悲惨な民族であることに、気づかなければならない。

原発の生み出す電力は今現在の日本を支えている。それは紛れもない事実であり、電力のおかげで日本人は世界でも類を見ないほどあらゆるサービスの整った国に暮らしている。しかしそれは、原子力発電という多大なリスクを内包する危険物と、人間をないがしろにする労働構造によって支えられてきたのだ。国民に我慢を強いて、悪人であることを恒常化させる国家は、あってはならない。そう強く感じ、そうさせないために、科学と思想はあると感じた。

《参考文献》

寺尾紗穂『原発労働者』講談社現代新書、二〇一五年

人名索引

事項索引

著者紹介

林　哲介（はやし・てつすけ）

略　歴

1942年生まれ。

京都大学理学部卒業。

京都大学教養部教授，同総合人間学部長，同高等教育研究開発推進センター長，同副学長，星城大学長，京都工芸繊維大学副学長，京都三大学教養教育研究・推進機構特任教授を歴任。

京都大学名誉教授。

教養教育の再生

2017年2月28日　初版第一刷発行　（定価はカヴァーに表示してあります）

著　者　林　哲介
発行者　中西健夫
発行所　株式会社ナカニシヤ出版
〒606-8161　京都市左京区一乗寺木ノ本町15番地
Telephone　075-723-0111
Facsimile　075-723-0095
Website　http://www.nakanishiya.co.jp/
E-mail　iihon-ippai@nakanishiya.co.jp
郵便振替　01030-0-13128

装幀＝白沢　正／印刷・製本＝ファインワークス

ISBN978-4-7795-1140-0